IFS를 통한 분노 치유하기

IFS를 통한 분노 치유하기

분노의 소인격체 클리닉

| Jay Earley 저 | 이진선 · 이혜옥 공역 |

학지사

역자 서문

이 소책자를 이해하기 위해서는 원저자 제이 얼리(Jay Earley)가 쓴 IFS(Internal Family Systems Therapy, 소인격체 클리닉) 치유 프로세스의 매뉴얼인 『참자아가 이끄는 소인격체 클리닉(*Self-Therapy*)』에 대한 내용을 충분히 습득하기를 권한다. 여기서 Self는 두 가지 의미를 동시에 내포하고 있다. 행위의 주체를 나타내는 self-의 대문자 형이기도 하지만, IFS에서 가장 중심적이고 균형 잡힌 안정된 영적 심리 상태를 가리키는 용어인 Self(참자아)의 의미도 가지고 있다.

IFS의 축어적 번역은 '내면가족 시스템(체계) 치료'라고 할 수 있다. '내면가족'은 한 인격체를 구성하는 부분들이 구심점을 가지고 관계를 유지한다는 의미이며, '시스템 치료'는 인격체의 어느 한 부분만을 치료하는 것이 아니라 시스템을 구성하는 요소 모두를 치료한다는 의미다. 역자는 '내면가족 시스템 치료'의 의미는 그대로 전달하되, 이것을 듣고 쉽게 기억할 수 있는 용어인 '소인격체 클리닉'으로 부르고자 한다. '소인격체'에서 인격체라는

5

시스템을 구성하는 더 작은 요소가 있다는 의미가 암묵적으로 전달되며, '클리닉'은 치료라는 단어의 대중적 용어이기 때문이다.

본래 '소인격체 클리닉'이라는 제목은 IFS 치유에서 부분들에 대한 작업, 즉 Parts Work를 의역한 표현이다. 역자들은 이미 톰 홈즈(Tom Holmes)와 로리 홈즈(Lauri Holmes)가 쓴 Parts Work도 『소인격체 클리닉』이라는 제목으로 소개한 바 있다. 따라서 역자들은 화난 부분이라든지, 내면 비판자를 IFS 프로세스를 통해 치료하는 작업을 『IFS를 통한 분노 치유하기: 분노의 소인격체 클리닉(Working with Anger in Internal Family Systems Therapy)』『자기비판을 자신감으로 변화시키기: 내면 비판자의 소인격체 클리닉(Activating Your Inner Champion Instead of Your Inner Critic)』으로 표기하여 제목만으로도 내포된 여러 의미가 쉽고 빠르며 일관성 있게 전달될 수 있도록 하였다.

IFS 치유 프로세스는 지금까지 개발된 심리 치유 방법 중 가장 포괄적인 것으로서 전인적인 치유를 지향하고 있다. 모쪼록 이 치유 프로세스에 정통한 임상 전문가가 많이 배출되어, 이 치유 프로세스를 통해 여타 기법으로 여태껏 치유 받지 못하고 있거나 불완전하게 치유되어 좌절하는 심리적 상흔을 가진 많은 영혼이 회복되어 평화와 기쁨을 누릴 수 있기를 바란다.

2014년 10월 분당에서
역자 일동

서 론

이 소책자는 일차적으로 IFS(소인격체 클리닉) 치료사와 임상가를 위한 것이다. 이 소책자는 정신세계의 IFS 관점과 IFS 방법에 대한 지식을 전제로 하고 있다. 또한 IFS를 훈련받지 않은 치료사 혹은 IFS 모델을 새로이 접하는 사람에게도 유용할 수 있도록 기본 IFS 개념이 정의된 용어 해설을 부록으로 추가하였다.

IFS는 지난 10년 동안 미국뿐만 아니라 전 세계적으로 빠르게 확산되어 온 첨단 심리치료 방법으로서 심리학자 리처드 슈워츠(Richard Schwartz)의 대표작이다. IFS는 깊은 심리적 상흔에 접근하고 그것을 치유하는 데 엄청나게 강력한 힘을 발휘한다. 특히 외상 치유에 효과적이어서 외상 전문가 사이에서도 IFS에 대한 관심이 높아지고 있다. 또한 IFS는 내담자의 일상적인 삶의 문제와 영적 발전을 돕는 데도 효과적이다.

원래 가족 시스템 치료사였던 슈워츠는 내담자의 내면세계에 대한 작업을 시작하였고, 그 결과 그들의 소인격체를 발견하였다. 슈워츠는 이것을 부분이라고 이름 지었다. 그는 가족들에게서 인식하였던 시스템과 유사한 시스템 내에서 내담자의 부분들이 서로 관계되어 있다는 것을 깨달았다. 이 때문에 IFS, 즉 '내면가족 시스템 치료'(일명 '소인격체 클리닉')라는 이름을 가지게 되었다.[1] IFS는 사용이 편리하다. 내담자는 그 개념을 쉽게 이해하고 대부분의 사람은 자신의 부분에 자연스럽게 접근하여 관계를 맺는다.

분노는 많은 사람에게 문제를 일으키는 감정이다. 다른 감정에서는 보통 그 감정을 느끼느냐, 보여 주느냐 하는 것이 주된 질문이다. 그러나 분노에서는 종종 상황이 좀 더 복잡하다. 왜냐하면 분노는 행동으로 표출될 때 해를 끼치고 파괴적일 수 있기 때문이다. 따라서 많은 이가 분노에 대해 상반된 태도를 가지고 있다. 우리는 분노가 가진 파괴적인 영향을 매일 목격하는 폭력사회 속에 살고 있으며, 우리 중의 상당수는 그의 희생자다. 분노와 폭력은 때로 전쟁, 폭력집단, 스포츠와 범죄, TV 쇼에서 칭송을 받는다. 그러므로 치료 과정 중에 분노와 작업하는 것은 까다롭고 복잡할 수 있다.

분노는 IFS 치료에서 어떤 부분이 분노를 품고 있는지, 분노가 어떤 기능을 맡고 있는지, 분노가 의절당했는지의 여부에 따라 여러 가지 방식으로 나누어진다. 각 상황은 서로 다른 유형의 치료적 개입을 필요로 한다. 당신은 행동으로 표출되고 있는 보호자

---

1 IFS에 관한 추가 정보를 원하면 리처드 슈워츠의 『내면가족 시스템 모델(*The Internal Family Systems Model*)』(Guilford Press, 1995)을 읽어 보라. 그리고 웹사이트 http://www.selfleadership.org에 있는 참자아 리더십 센터를 방문해 보라.

분노를 이해할 수 있어야 보호받고 있는 추방자를 치유할 수 있다. 따라서 보호자 분노를 표현하는 것은 그리 좋은 생각이 아니다. 반면에 추방자를 충분히 목격하기 위해서 그리고 추방자가 보호받고 안전하다는 느낌을 가질 수 있도록 하기 위해서는 추방자 분노를 기쁘게 맞아들이고 회기 중에 표현할 필요가 있다. 내담자의 힘과 건강한 공격성에 접근하고 그것을 발전시키는 한 방법으로서의 의절당한 분노 역시 회기 중에 표현할 필요가 있다.

분노가 회기 중에 발생할 때는 당신이 처해 있는 맥락과 역동을 이해하는 것이 도움이 된다. 그러면 어떻게 진행할지를 알게 된다. 이 소책자에서는 IFS 프로세스의 일부로서 분노와 작업하는 여러 가지 방법뿐만 아니라 각 방법이 가장 효과적으로 사용될 수 있는 상황을 소개하고자 한다.

차 례

역자 서문 / 5

서 론 / 7

제1장 **보호 기능의 분노 _ 13**

보호자 분노 _ 15

행동으로 표출되고 있는 보호 기능의 분노 _ 17

분노의 건설적인 의사소통 _ 19

억압받고 있는 보호 기능의 격분 _ 22

제2장 **의절당한 분노와 힘 _ 29**

의절당한 분노 _ 31

힘 _ 35

건강한 공격성을 차단하는 보호자와 작업하기 _ 39

분노의 표현 _ 42

분노를 삶에 통합하기 _ 45

제3장 추방자 분노 _ 51

건강한 공격성과 바로잡는 정서적인 경험 _ 55

제4장 회기 사례: 격분을 힘으로 바꾸기 _ 59

제5장 결 론 _ 83

치료 회기에서 분노 표현하기 _ 85

조견표 _ 86

요 약 _ 89

부 록

부록 A 용어 해설 _ 91

부록 B IFS 참고 자료 _ 97

제 **1** 장

보호 기능의 분노

보호자 분노

IFS 회기에서 볼 수 있는 가장 흔한 형태의 분노는 보호자—관리자 혹은 소방관—의 분노다. 보호자가 추방자의 고통을 방어하기 위해 분노를 사용하고 있는 것이다. 보호자는 추방자가 품고 있는 고통을 회피하는 방법 중 하나로 분노를 사용한다. 이 때문에 분노는 부적절한 상황에서 발생하거나, 종종 정당한 사유를 넘어 도를 지나치게 된다.

예를 들어, 제임스(James)가 그동안 자기와 데이트하던 여인에게서 거절당했다는 느낌이 들면, 그는 그녀에게 심한 분노를 느끼게 된다. 그는 그녀에게 분노를 표현하지는 않지만 내면에서는 분노가 꽤 강렬해진다. 이 분노는 상처와 사랑을 받지 못한다는 느낌을 가지고 있는 추방자의 고통을 내담자가 느끼지 못하도록 보호하려는 시도다. 분노는 그러한 상처받기 쉬운 감정에서 내담자의 주의를 돌려 내담자가 보다 더 수용 가능한 감정을 가지게 만

15

든다.

또한 보호자 분노는 인식된 외부 위협에서 추방자를 보호하려는 시도일 수도 있다. 예를 들어, 내담자 말린(Marlene)의 경우를 보자. 그녀는 누군가 자신을 향하여 통제나 지배하려는 행동을 하거나 그녀가 그렇게 인식할 때마다 그 사람에게 분노를 느끼는 보호자가 활성화된다.

말린은 종종 자기를 통제한다고 생각하는 사람에게 분노를 표현한다. 그녀는 그가 자신을 통제하려는 행동이 잘못되었다는 것을 증명하려 애쓴다. 이것은 추방자가 지배당하지 않도록 보호하려는 시도다. 말린의 분노는 보호를 목적으로 하는 것이기 때문에 보호자 분노가 부적절하거나 상대방이 실제로 행한 것에 대해 지나치게 강렬한 반응을 보이는 경향이 있다. 그 결과 말린은 보호자 분노가 종종 사람들을 불쾌하게 만들거나 그로 인해 통제 불능이 되지 않을까를 염려하게 된다. 사람들은 그녀를 점점 더 통제하려고 시도하게 되므로 결국 그녀의 분노 부분이 두려워하는 상황으로 나아가게 된다.

보호자 분노가 관여하는 상황은 네 가지가 있으며, 각 상황은 서로 다른 전략을 필요로 한다.

1. 분노가 내담자의 삶에서 행동으로 표출되고 있다.
2. 분노가 느껴지나 참자아가 그것이 행동으로 표출되지 못하도록 억제한다.

3. 분노가 느껴지나 보호자가 그것이 행동으로 표출되지 못하
　　도록 막고 있다.
4. 분노가 의절당해 있다.

우리는 하나씩 탐색해 보기로 한다.

행동으로 표출되고 있는 보호 기능의 분노

　행동으로 표출되고 있는 보호적인 분노에 대해서는 IFS 작업이
간단하다. 내담자는 참자아에 접근하여 화난 보호자를 알아 가면
서 보호자와 신뢰 관계를 발전시킨다. 그런 다음 참자아는 보호받
고 있는 추방자와 작업할 수 있는 허락을 얻고, 이 경험의 근원을
목격하며, 추방자의 짐을 내려놓기 위한 단계를 거친다. 그러면
보호자는 이제 더 이상 추방자를 보호할 필요가 없기 때문에 자신
의 분노를 내려놓을 수 있게 된다.

　말린은 자신의 화난 부분과 작업하였고, 왜 그 부분이 그녀를
그토록 보호하려고 하였는지 어느 정도 깨닫게 되었다. 그런 다음
그녀는 부모에 의해 철저하게 통제되어 왔던 추방자에 접근하여
이 어릴 적 상황과 더불어 궁지에 몰려 무력해진 추방자의 감정을
목격하였다. 그러고는 그 통제된 상황에서 자신이 그토록 열망하
던 자유를 누리는 상황으로 그 부분을 데리고 나오는 모습을 머릿

속에 그렸다. 이제 추방자는 자신의 탄압받고 무력해진 감정을 내려놓기 위한 짐 내려놓기 프로세스를 거칠 준비가 되었다. 일단 이 추방자가 짐을 내려놓게 되니 말린의 화난 부분도 그녀를 보호할 필요가 없게 되어 짐을 내려놓을 수 있었다.

분노가 행동으로 표출되고 있을 때는 분노를 억제하고 적절히 상호작용하는 방법에 대해 내담자와 추가 작업을 하는 것이 좋다. 먼저 내담자는 화난 부분을 알아 가고 그 부분과 신뢰 관계를 발전시킬 필요가 있다. 그러면 참자아가 그 화난 부분이 행동으로 표출되는 것을 자제시키도록 도울 수 있게 된다.

이러한 유형의 분노와 작업하는 예를 들어 보자. 말린은 직장에서 벌컥 화를 내고 자기 상사에게 소리를 지르곤 하였다. 한동안 이 문제에 대해 작업한 후 말린은 자신의 화난 부분을 알게 되었고, 그 부분이 그녀가 지배당하지 않도록 보호하려 애쓰고 있다는 사실도 깨닫게 되었다. 비록 화난 부분이 문제를 일으키고는 있었지만, 말린은 그 부분이 자기를 보호하려 애쓰는 것을 고마워하게 되었다. 이로 인하여 화난 부분은 그녀를 신뢰하게 되었다.

말린은 직장에서 화가 날 때, 자신의 화난 부분이 아무에게나 소리 지르기 전에 참자아가 개입하여 격한 감정을 가라앉힐 수 있는 타임아웃을 가지고자 화난 부분과 계약을 맺었다. 이 참자아 리더십이 그녀가 말썽을 일으키지 못하게 막아 주었고, 그로 말미암아 이 부분을 자극하는 그녀의 상사의 반응도 실제로 줄어들었다.

분노의 건설적인 의사소통

이러한 상황에서는 내담자에게 화난 부분의 입장에서 이야기하는 것보다 화난 부분을 대변해 주는 의사소통 기술을 가르쳐 주는 것이 도움이 된다. 내담자가 다음과 같이 진술하는 것이 부분을 대변하는 것이다. "당신이 그 이야기를 했을 때, 나의 한 부분이 화가 났어요." 내담자가 화난 부분을 대변할 때 내담자는 참자아 상태에 있다. 이것은 화난 부분의 입장에서 이야기하는 것과는 반대다. 후자는 내담자가 화난 부분과 섞여 화난 부분의 감정을 행동으로 표출하고 있는 경우다. 화난 부분과 완전히 하나가 된 내담자는 이렇게 이야기할 수도 있다. "너는 정말 제멋대로 하는 놈이야."

내담자가 화난 부분을 대변할 때는 상대방을 자극할 가능성이 적어진다. 또한 내담자는 어떤 것이 자신을 화나게 하고 있는지를 전해 줌으로써 자신이 원하는 바를 얻을 수 있는 기회를 극대화할 수 있게 된다.

치료 회기에서 화가 나는 실제 상황에 대한 역할극을 통해 내담자가 이 같은 의사소통을 연습하게 하는 것도 도움이 된다.[1] 이것

---

1 마셜 로젠버그(Marshall Rosenberg)는 '비폭력 대화'라 불리는 갈등 상황에서 의사소통하는 탁월한 방법을 개발하였다(Puddle Dancer Press, 2003).

은 실생활에서 분노를 전하기에 좋은 훈련법이다.

궁극적으로 당신이 정식 IFS 방법으로 이러한 분노와 작업하여 그 분노의 짐을 내려놓고 싶어 할 경우, 먼저 참자아 리더십을 확립할 필요가 있다. 화난 부분이 말린과 행동으로 표출하지 않겠다는 계약을 맺은 후 사무실에는 평화가 찾아왔고, 그녀의 화난 부분은 어느 정도 안정을 되찾을 수 있었다.

말린은 한 걸음 더 나아가 화난 부분을 대변함으로써, 이제 자신의 필요를 주장할 만큼 강해졌기에 과거처럼 통제를 받을 가능성은 적을 것이라고 하면서 그 부분을 안심시켰다. 따라서 화난 부분은 장악할 필요를 덜 느끼게 되었다. 말린은 화난 부분에게 허락을 받기가 훨씬 쉬워졌기에 화난 부분이 보호하고 있는 추방자에 접근하여 IFS 치유 프로세스로 진행할 수 있었다.

어떤 경우에는 후속 프로세스를 진행하기 전에 어느 정도 분노의 짐을 내려놓는 것이 도움이 된다. 분노가 강렬하거나, 억울하거나, 폭발적이거나, 보복적일 때가 흔히 그런 경우라 할 수 있는데, 이때 보호자는 짐을 내려놓고 싶은 욕구를 느끼게 된다.

보호자의 짐 내려놓기는 보통 추방자가 짐을 내려놓은 후에 전체 IFS 순서 중 맨 나중에 하게 되지만, 이 경우에는 추방자와 작업하기 전에 보호자가 짊어지고 있는 분노의 짐 일부를 내려놓도록 한다. 이렇게 해야 화난 부분과 양극화된 내담자의 부분도 함께 강도가 약화되어 내면적으로 상황을 진정시켜 줄 수 있기 때문이다. 예를 들어, 만약 직장에서 분노 조절을 못하였다고 말린에

보호자 분노 vs. 분노 표출을 비난하는 관리자(관리자-관리자 양극화 현상)
보호자가 표출하고 있는 분노의 짐이 크면 그와 양극화 관계에 있는, 분노한다고 비난하는 또 다른 보호자의 강도도 커진다. 이때 보호자가 가진 분노의 짐 일부를 내려놓도록 하여 보호자 전체의 강도를 약화시킴으로써 추방자의 작업을 용이하게 만들 수 있다.

게 창피를 주는 부분이 있다면 그 부분도 긴장을 풀 수 있게 될 것이다.

분노의 짐 내려놓기 순서는 추방자 때와 유사하다. 내담자로 하여금 분노가 보호자의 신체 어느 부위에 있는지 감지하게 한다. 그런 다음, 보호자가 분노의 일부를 자연요소(빛, 물, 바람, 흙, 불) 중 하나에 내려놓도록 한다.

어느 정도 분노의 짐을 내려놓게 되면 내담자가 사람들과의 상호작용에서 문제를 일으킬 가능성도 줄어든다. 그리고 내담자가 다른 사람의 분노를 그다지 자극하지 않으므로 내담자의 화난 부분도 자주 자극을 받지 않게 된다. 그 결과 후속 IFS 프로세스는 용이하게 진행된다.

억압받고 있는 보호 기능의 격분

다음에서는 격분이 억압받고 있거나 격분한 부분이 비난받고 있는 두 가지 상황을 살펴보기로 한다.

느껴지지만 억압된 격분

때로는 보호자가 내담자는 느끼나 다른 보호자가 억압하고 있어 행동으로 표출되지 않는 분노(심지어 격분)를 가지고 있는 경우가 있다. 격분은 파괴적으로 표현될 수 있다는 위험 때문에 일반적으로 억압된다. 격분이 해롭게 표현될 수 있는 위험은 실제로 존재한다. 한편 내담자가 실제 행동으로 표출하지 않으려고 하는 경우도 있다. 분노가 내담자의 원가족에게 야단을 맞아서 보호자가 격분 표출을 두려워하기 때문이다.

비록 이 분노가 노골적으로 행동으로 표출되고 있지는 않더라도 종종 슬며시 새어 나와 내담자의 관계를 해친다. 그리고 때로는 내담자가 격분으로 폭발할 수 있다(다음을 보라).

억압은 소방관 격분에서 흔히 볼 수 있다. 소방관 격분은 종종 엄청난 감정의 화약을 짊어지고 있어 다른 부분을 무섭게 한다.

[그림 1-2]

소방관 격분 vs. 격분 표출을 억압하는 관리자(소방관−관리자 양극화 현상)
소방관이 품고 있는 격분이 표출되지 못하도록 그와 양극화 관계에 있는 관리자가 비난하고 억압한다. 억압된 소방관 격분은 내부를 갉아먹는다.

이것이 시스템에서 주된 양극화 현상을 야기한다. 왜냐하면 소방관 격분이 행동으로 표출되지 못하도록 하기 위해 관리자가 등장하기 때문이다. 그리하여 관리자는 격분한 소방관과 갈등 관계에 있게 된다. 이 관리자는 자주 격분에 찬 부분을 비난한다. 만약 내담자가 소방관 격분 부분의 이미지를 볼 수 있다면 불쾌하고 추악한 모습일 것이다.

예를 들어, 저자의 내담자 중 한 사람은 자기를 존중하지 않는다고 생각되는 사람에게 격분을 품었으나 그것을 표현하지는 않았다. 화난 소방관의 이러한 격분은 그것이 자기를 곤경에 빠뜨릴 수 있다는 것을 깨달은 관리자에 의해 억압되었다. 이같이 억압된 격분은 안에서 그를 갉아먹고 있었다.

분노를 억압하는 것은 분노 표현을 자제하는 것과는 근본적으로 다르다. 억압은 화난 부분을 추방하려고 애쓰며, 종종 그 부분을 비난하거나 수치스럽다고 여기는 관리자에게서 온다. 반면에 자제는 도움이 되지 않을 것 같아 분노를 표현하지 않기로 선택한 참자아에게서 온다. 참자아는 분노에 대해 판단을 하지 않는다. 그 사람은 자신의 분노를 수용하며 심지어 고마워할 수도 있다. 그러나 그에 따라 행동하지는 않는다.

격분의 간헐적인 폭발

또 다른 흔한 상황은 내담자가 대체로 자신의 분노를 억압하고 있으면서도 그것을 느끼지 못하는 경우다. 그러나 간헐적으로 분노가 폭발하거나 분출하면서 통제를 잃게 될 수 있는데, 이러한 폭발은 보통 내담자 자신뿐만 아니라 분노의 표적이 되는 사람은 누구든지 놀라게 만든다.

예를 들어, 돈(Don)은 대체로 분노로 인한 큰 문제는 없었지만 가끔 그의 아내가 어떤 행동을 하면 미친 듯이 화가 나 고함을 지르곤 하였다. 그가 그럴 때마다 아내는 무서웠고, 깊은 상처를 받았다. 하지만 돈은 자신이 어떤 일을 저질렀는지 전혀 알지 못하였고, 자신이 저질렀던 행동에 대해 매우 언짢아하였다. 그는 다시는 그러지 않겠다고 맹세하였지만 그 행동은 얼마 되지 않아 도지곤 하였다.

돈이 IFS 회기에서 이 부분에 대해 작업하려고 내면으로 들어가자 그 부분은 거대하고 강력한 악마로 보였다. 이 이미지가 그 부분의 실제 모습을 나타내는 것은 아니었다. 그것은 그 부분이 그동안 돈의 다른 부분에게 얼마나 많은 비난을 받았는지를 보여 주는 것이었다. 달리 말하면 돈이 이런 식으로 그 부분을 보고 있다는 사실은 그가 참자아 상태에 있지 않다는 것을 이야기해 준다.

이 상황과 작업하는 법

앞의 두 가지 상황(느껴지지만 억압된 격분과 격분의 간헐적인 폭발)과 작업하는 방법을 논의한다. 당신(치료사)의 목표는 한 회기 동안에 격분한 소방관을 알아 가는 것이다. 그러나 이 격분한 부분으로의 접근이 종종 억압하는 관리자에 의해 저지당하기 때문에 쉽지 않을 수 있다. 그러므로 당신이 격분한 부분과 작업하기 위해서는 관리자에게 허락을 얻어야 한다. 때로는 관리자에게 비교적 쉽게 허락을 얻어 낼 수도 있지만, 접근을 위해 격분한 소방관과 관리자 사이의 양극화 현상에 대해 작업해야 할 수도 있다.

이 양극화 현상에 대해 작업하기 위해서는 먼저 관리자를 알아가면서 소방관과 대화할 수 있도록 관리자의 허락을 얻으라. 관리자는 격분한 부분을 매우 위험한 악으로 보고 있기 때문에 당신은 내담자를 도와 관리자의 신뢰를 얻고, 작업이 안전하다는 확신을 불어넣어 줄 필요가 있다.

당신은 내담자와 함께 격분한 표현을 자제시키고, 격분한 부분의 긍정적인 의도는 무엇이며, 그 부분이 어떤 추방자를 보호하고 있는지에 대해 이해하려 한다고 설명하면서 관리자를 안심시켜야 한다. 당신이 함께 있으면서 파괴적인 사건이 일어나지 않도록 확실히 하겠다고 이야기하라.

그러고 나서 두 부분이 서로 대화를 나누게 되면 내담자는 그들이 서로 이해하여 양극화 현상이 완화되도록 도울 수 있다. 양극화 현상과 작업하는 방법에 대한 자세한 정보는 나의 책 *Resolving Inner Conflict*를 참조하라. 양극화 현상 작업으로 갈등이 완전히 해결되지는 않겠지만 적어도 내담자가 격분한 부분과 작업하기 위해 필요한 관리자의 허락을 얻게는 해 줄 것이다.

일단 여기까지 오면 내담자는 격분한 부분을 알아 가며 그 부분을 자신의 정신세계에 통합할 수 있다. 이 시점에서 격분은 그 강도를 잃고, 격분한 부분은 그리 위협적이지 않게 된다. 사실 격분한 부분이 가진 강력한 악의 이미지는 종종 전혀 다른 것으로 바뀐다. 예를 들어, 돈이 자신의 격분한 부분을 알게 되자 그 부분은 우뚝 솟은 기둥 같은 존재로 느껴졌다.

격분한 부분에 대한 이 같은 새로운 관점은 종종 양극화 현상 작업이 완결되도록 해 주거나 적어도 내담자가 격분한 부분과 관계를 잘 맺도록 해 준다. 내담자는 심지어 격분한 부분이 가지고 있는 긍정적인 속성을 보고 그것을 자신의 정신세계로 맞아들일 수도 있게 된다. 예를 들어, 돈은 자신이 격분한 부분이라고 불렀던 것이 실제로 강력한 존재감이었음을 깨달았고, 이것이 그로 하여금 흔들리지 않는 강력한 느낌을 가지게 하였다. 긍정적인 속성을 맞아들이는 것은 다음 장에서 좀 더 자세히 설명하기로 한다.

다음 단계는 내담자가 격분한 부분에게 허락을 얻어 그가 보호하고 있는 추방자와 작업하고, 추방자를 치유하여 격분한 부분이 긴장을 풀 수 있도록 하는 것이다. 이것은 앞서 요약한 대로다.

제 2 장

의절당한 분노와 힘

의절당한 분노

우리는 때로 IFS에서 그것의 감정이나 행동이 수용되기 힘들어 의절당했거나 추방되었던 부분과 마주하게 된다. 원래 그 부분은 원가족(혹은 문화)에게 수용되지 못하였고, 그리하여 내담자의 다른 부분에게도 수용되지 못하였다. 이 역동이 지금까지 넘어오게 된 것이다. IFS에서 이 부분은 추방자와 구별하기 위해 종종 추방 상태의 보호자라 불리며, 어릴 적부터 짊어지고 있는 고통 때문에 의절당한 상태에 있다.

나는 이것을 의절당한 부분이라고 부르고자 한다. 이 새로운 용어를 소개하는 이유는 추방당한 부분이 항상 보호자는 아니기 때문이다. 의절당한 부분은 추방자일 수도 있고, 건강하거나 비극단적인 부분일 수도 있다. 보이스 다이얼로그[1]에서는 이것을 '일차

---

1 H. Stone & S. Winkleman, 『소인격체 대화(*Embracing Our Selves*)』, New World Library, 1989.

적인 자기(primary self)'에 반대되는 '의절당한 자기(disowned self)'라고 부른다.

분노는 아마도 가장 흔하게 볼 수 있는 의절당한 부분이다. 내담자가 자신의 분노를 의절하였을 때는 자기주장이나 힘을 잃는 경향을 보인다. 그들은 심지어 수동적이 되고, 남을 기쁘게 하며, 앞에 나서지 않고, 자신감과 추진력이 결여된다. 이것은 그들의 힘이 자신의 분노와 함께 의절당했기 때문이다.

이 프로세스는 소녀와 여성 가운데서 흔하게 발견된다. 물론 그들에게만 국한된 것은 아니다. 타고난 호르몬 조성과 성에 따른 프로그래밍 때문에 분노의 표현을 남성에게는 장려하고 여성에게는 하지 못하게 하는 경향을 보인다. 그러나 이것은 단지 문화적인 경향일 뿐이다. 어떤 남자는 자신의 분노를 의절하고, 어떤 여성은 자신의 분노를 행동으로 표출한다.

한 가지 예를 들어 보기로 하자. 도나(Donna)의 부모는 그녀가 화를 낼 때마다 판단하며 창피를 주었다. 부모는 그녀에게 착한 소녀여야 하고, 공격적이거나 풍파를 일으키지 말아야 한다는 메시지를 주었다. 그 결과 그녀의 분노는 의절당하였고, 이 같은 의절 상태는 그녀의 분노가 나쁘다고 믿는 관리자에 의해 강화되었다. 결국 도나는 온순하고 말이 없게 되었으며, 자신의 욕구나 의견을 주장하는 데 어려움을 겪게 되었다.

자신의 분노를 의절한 내담자는 의절당한 화난 부분이 가끔 뚫고 나오기 때문에 화를 분출할 수도 있다. 이 분노는 보통 극단적이고

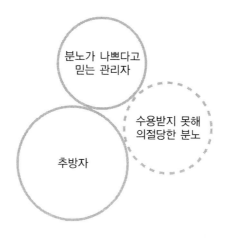

[그림 2-1]

의절당한 분노 vs. 의절 상태를 강화하는 관리자(추방된 관리자–관리자 양 극화 현상)

원가족에게 분노해서는 안 된다고 교육받음으로써 보호자 분노가 의절당하였고, 이 같은 의절 상태는 분노가 나쁘다고 믿는 또 다른 관리자에 의해 강화된다. 의 절당한 분노는 가끔 극단적으로 분출될 수도 있다.

맥락과 어울리지 않는다. 그 사람은 이 사건을 수치스러워하고 자 신이 분노의 문제를 가지고 있다고 믿기도 한다. 그러나 그 사람의 분노가 가지는 진짜 문제는 분노가 의절당한 상태라는 사실이다.

의절당한 분노는 보호자, 추방자 혹은 심지어 건강한 부분에서 올 수도 있다. 추방자에게서 오는 경우, 화난 부분은 자연히 어릴 적에 겪었던 수모나 상실에 공격적인 방식으로 반응하고 있을 뿐 이다. 그러나 이 분노는 의절당한 상태이기 때문에 종종 극단적이 된다. 달리 이야기하면, 그 부분은 점점 심하게 그리고 비이성적 으로 화를 내면서 의절당한 것에 반응한다.

이러한 유형의 분노와 직업하는 경우의 목표는 의절당한 화난 부분에게 접근하여 그 부분을 내면가족의 일원으로, 그리고 내담자의 의식적인 삶으로 맞아들여 그것이 삶 가운데서 살아가며 자신을 표현할 수 있게 하는 것이다. 분노가 극단적이라 하더라도 이렇게 하는 것이 도움이 된다—그렇더라도 치료 회기에서만 표현되어야 한다. 내담자로 하여금 부분의 감정을 목격하게 하라. 그리고 회기 중에 부분이 원하는 방식으로 분노를 표현하도록 독려하라. 분노가 오랜 시간 동안 억압되어 있었기 때문에 분노의 표현은 종종 내담자에게 큰 안도감을 가져다준다.

그러나 의절당한 분노를 다시 받아들이는 것이 쉽지 않을 수 있다. 아마도 그 분노를 두려워하는 보호자가 있어 그것이 다시 들어오지 못하도록 싸울 것이다. 이것을 다루는 법에 대해서는 다음을 보라.

때로는 내담자의 가족이 분노를 수용하지 않음으로 말미암아 촉발되었던 고통을 의절당한 화난 부분이 짊어지게 된다. 예를 들어, 도나의 분노 부분은 부모가 그녀의 분노를 조롱하던 태도 때문에 애정 결핍과 수치심의 짐을 짊어지고 있을 수 있다. 이 경우 그 부분은 의절당한 부분이면서 동시에 추방자가 된다. 이것은 통상적인 추방자 치유 단계(목격하기, 재양육하기, 데리고 나오기, 짐 내려놓기)를 거쳐 작업을 완료할 수 있다.

의절로 인한 고통을 별도의 추방자 부분이 짊어지고 있는 경우도 있다. 예를 들어, 도나의 분노 부분은 분노만을 짊어지고 있고,

또 다른 부분이 수치심과 결핍감을 짊어지고 있는 것이다. 이 경우에는 도나의 분노 부분을 그녀의 내면가족으로 다시 맞아들이고 자신을 표출하도록 독려해 주기만 하면 된다. 그리고 나머지 부분에 대해서는 추방자 치유 프로세스를 진행한다.

힘

IFS는 추방 상태의 보호자나 의절당한 부분이 종종 내담자의 정신세계에 통합될 수 있는 긍정적인 품성이나 에너지를 품고 있음을 알게 되었다. 예를 들어, 성, 자발성, 돌봄은 모두 내담자의 원가족 내에서 수용될 수 없다면 의절당할 수 있는 긍정적인 품성이다. 의절당한 부분을 다시 맞아들이면 그 부분은 내담자가 이 긍정적인 에너지를 다시 소유할 수 있게 해 준다.

분노가 의절당한 상태일 때는 분노 자체가 다시 소유될 수 있는 긍정적인 품성이 되지 않는다. 분노와 함께 의절당하게 되는 긍정적인 품성이 있는데, 나는 이것을 힘이라고 부른다. 힘은 건강한 공격성, 활력, 개인적인 힘, 그리고 자신을 주장할 수 있는 능력을 의미한다. 그것은 위험을 무릅쓰고 세상에서 강력한 자세를 취하며 삶의 묘미를 느끼는 능력을 포함한다. 다이아몬드 접근법[2]에서

---

2 A. H. Almaas, *The Pearl Beyond Price*, pp. 206-215, Diamond Books, 1988.

이 품성은 적색 본질(Red Essence)[3] 혹은 힘이라 불리며, 분노가 차단될 때 적색 본질 또한 차단되는 것으로 이해된다. 게슈탈트 치료[4]도 건강한 공격성을 치료의 중요한 목표로 인식하고 있다.

분노는 부정, 경계선 침범, 학대 혹은 목표의 좌절에 대한 타고난 보호자 반응이다. 우리가 참자아 상태에 있을 때 분노는 거의 필요치 않다. 왜냐하면 우리는 힘, 원기 왕성함의 건강한 감각을 불러와 이러한 상황을 다룰 수 있도록 여건을 제한할 수 있기 때문이다. 우리는 다른 사람을 놀라게 하거나 해치지 않으면서 강하게 자기주장을 할 수 있다. 이것이 내가 이야기하는 건강한 공격성 혹은 힘이다.

그러나 나는 건강한 공격성과 자기주장 그 이상을 포함하기 위하여 다이아몬드 접근법을 따라 힘이라는 용어를 사용한다. 이것은 또한 활력, 확장, 열정 그리고 충분한 구체화를 포함한다. 그것은 우리 삶의 에너지다.

분노를 추방할 때 우리는 우리의 힘도 추방하게 된다. 우리가 의도해서가 아니라 인간의 정신세계 작동 방식이 그렇기 때문이다.

의절당했던 분노를 다시 맞아들임으로써 우리는 우리 자신을 위해 이 힘이라는 긍정적 품성을 되찾을 수 있는 가능성을 열게

---

3 수피 심리학에서는 감각과 초감각으로 구성된 self를 백색, 적색, 흑색, 녹색, 청색, 황색의 여섯 가지 본질로 나누고 있다. 적색 본질은 힘과 활력을 가져다준다고 여겨지며, 삶의 도전에 대응할 자세를 취하고 위험을 무릅쓸 용기를 불어넣어 준다.

4 Perls, F., Hefferline, R. F., & Goodman, P., *Gestalt Therapy*, Bantam, 1951.

된다. 특히 우리가 분노를 충분히 느끼며 그것을 몸으로 표출하는 경우에 그렇다. 분노를 다시 맞아들임으로써 내담자는 자신의 힘과 활력을 몸으로 표현할 수 있게 된다.

당신이 회기 중에 내담자가 자신의 분노를 충분히 표현하도록 촉진시켜 줄 때, 내담자가 힘을 다시 소유할 수 있도록 분노를 충분히 몸으로 표출하는 데 초점을 맞추도록 한다. 분노를 억제하는 데 혹은 건설적으로 전하는 데 초점을 맞추지 않도록 한다. 이것은 실제 삶에서의 상호작용을 위한 연습이 아니다―치료 회기 중에서만 혹은 내담자가 혼자 있을 때에만 해야 한다. 실제 삶에서의 분노 전달 연습은 전혀 다른 프로세스다. 이것은 제1장에서 다루었다.

도나의 작업을 보자. 그녀는 먼저 지금까지 의절당했던 분노의 감정을 자신이 느끼도록 하였다. 분노를 의절하였던 보호자가 이정도는 꽤 안전하다고 느낄 때, 나는 그녀에게 지금 이 순간 분노가 몸속에서 어떻게 표현되는지 감지해 보라고 독려하였다. 그녀는 이를 악물고, 팔에 힘이 솟으며, 호흡이 깊어지고, 몸을 곧추세우는 자세를 취하게 된다고 하였다. 어떤 시점에서 그녀는 분노를 표출하고 싶어 하였다.

후속 회기에서 나는 그녀가 분노를 충분히 표현하도록 도왔다. 한 회기에서는 베개를 주먹으로 치고, 다른 회기에서는 수건을 비틀었다. 이것은 분노가 충분히 몸으로 생생하게 표출되도록 해 주었다. 이렇게 분노를 소유하고 표현하는 작업은 그녀가 깨어난 힘과 활력을 느낄 수 있게 하였다. 그녀에게는 그것이 팔에서는 뜨겁게 흐르는 에너지로, 배에서는 할 수 있다는 자신감(potency)으로 느껴졌다.

그동안 의절당했던 분노가 보호자 분노라면 어찌할 것인가? 당신은 여전히 그것을 맞아들이고 싶은가? 내담자로 하여금 보호자 분노를 행동으로 표출하게 하는 것은 바람직하지 않다고 앞에서 언급하였다. 그러나 보호자 분노가 의절당한 경우에는 실제로 다루어야 할 두 가지 문제가 있다. 첫 번째는 힘을 키우기 위해 분노를 다시 소유하는 것이고, 두 번째는 화난 보호자 몰래 들어가 추방자를 치유함으로써 보호자가 분노를 내려놓을 수 있게 하는 것이다.

내담자가 자신의 힘을 다시 소유할 수 있기 위해서는 먼저 분노를 다시 소유하는 것—즉, 내면 시스템으로 분노를 다시 맞아들여 내담자로 하여금 그것을 표출하도록 하는 것—이 중요하다. 그리고 나서 내담자가 보호자를 알아 가며 그에게서 허락을 받아 추방자와 작업하고 치유함으로써 결국에는 화난 보호자가 분노를 내려놓을 수 있게 된다. 이렇게 하여 내담자는 두 프로세스의 유익을 누리게 된다. 만약 당신이 분노를 보호 기능으로서 이해하려는 작업을 먼저 한다면 당신은 내담자가 자신의 의절당한 힘을 되찾도록 도울 수 있는 기회를 잃게 될 것이다.

건강한 공격성을 차단하는 보호자와 작업하기

분노를 다시 맞아들이는 과정에서 분노 혹은 그와 관련된 힘과 활력을 무서워하는 보호자가 종종 활성화된다. 그러므로 분노를 다시 맞아들이는 과정에서 당신은 이 부분에 대해 작업할 필요가 있다.

또한 분노에 마음 편해 하지 않는 당신(치료사)의 부분이 하나라도 있다면 그것에도 주의를 기울여야 한다. 만약 당신이 분노를 완전히 편하게 여기지 못하는 상태라면 당신은 내담자의 보호자를 은근히 편들고 있거나, 혹은 적어도 필요할 때 내담자의 분노를 충분히 지지하고 독려하지 못할 수도 있다. 필요하면 내담자의 분노와 힘을 완전히 지지할 수 있도록 당신의 보호자에 대한 IFS 작업을 하도록 하라.

내담자 안에 자신의 분노를 다시 맞아들이는 것을 차단하는 보호자가 활성화되었을 때, 먼저 치유 프로세스를 계속할 수 있도록 그 부분(보호자)이 비켜설 용의가 있는지 물어보라. 만약 용의가 없다면 보호자가 어떤 것을 두려워하고 있는지 물어보라. 그리고 그 두려움에 대해 안심시키라. 만약 필요하면 이 두려움으로 인한 긴장을 풀어 주기 위해 그 보호자와 한 회기 이상 작업하도록 하라.

이러한 보호자는 종종 내담자가 화가 나서 위험한 짓을 할까 봐 두려워한다. 사실 보호자는 내담자에게 때로 오랫동안 억압되어 온 격분이 있어서 만약 그 격분이 나오도록 놓아둔다면 폭발적이고 파괴적이 될까 봐 두려워한다. 격분은 종종 내담자의 정신세계 안에서 억압되고 추방되어 있기 때문에 대단히 폭발적이다. 화난 부분의 추방 기간이 길수록 분노는 더욱 커지게 된다.

당신이 격분에 찬 부분을 알아 가면서 내담자는 당신의 도움으로 참자아 상태를 유지할 것이며, 따라서 격분이 통제 불능이 되지는 않을 것이라고 그 보호자를 안심시키라. 만약 분노를 조금이라도 표현하려 한다면 내담자의 삶에서가 아니라 치료 회기에서만 하라고 보호자에게 재확약한다.

분노를 드러낸다는 이유로 내담자가 다른 사람에게 공격·판단·조롱받는 것을 보호자가 두려워할 수 있다. 내담자가 분노를 맞아들이고 표현해도 당신(치료사)이 절대로 판단하거나 조롱하지 않겠다고 보호자를 안심시키라(이것이 진실임을 확실히 하기 위해 당신 자신에 대해 작업하도록 하라.).

내담자는 또한 분노가 실생활에서 표현될지라도 내담자의 참자아가 여전히 책임지고 어떠한 파괴적 행동 표출도 허락하지 않겠다고 보호자를 안심시킬 수도 있다. 한편 내담자는 분노를 건설적으로 표현하되 그렇게 하기에 안전한 상황을 선택하여야 한다.

만약 보호자가 이렇게 재확약하였음에도 비켜서지 않는다면 그것에서 주의를 돌려 정식 IFS 회기(혹은 일련의 회기)를 진행한다. 여기에는 분노를 차단하는 보호자가 보호하고 있는 추방자에게 접근하기 및 짐 내려놓기가 포함된다. 당신은 또한 분노 부분과 보호자 사이의 양극화 현상에 대한 작업 회기를 가질 수도 있다 (양극화 현상에 대해 작업하는 방법을 위해서는 *Resolving Inner Conflict*를 보라.). 이 보호자와의 작업은 보호적인 태도의 긴장 완화를 가져다주게 되므로 당신은 분노와 힘을 내담자의 정신세계로 통합하는 작업을 진행할 수 있게 된다.

예를 들어, 도나가 처음으로 분노를 표현했을 때 화를 내며 강하다는 이유로 모든 사람에게 버림받을까 봐 무서워하는 보호자가 등장하였다. 보호자는 그녀가 더 이상 분노를 느낄 수 없도록 멍하게 만들어 분노 표현을 막아 버렸다. 그녀는 자신이 분노를 부적절하게 표현하지 않고 참자아 상태에서 자신의 화난 부분을 돕겠다고 하며 이 부분(보호자)을 안심시켰다. 그러자 보호자는 비켜서서 도나가 회기 중에 그녀의 분노를 몸으로 표출하도록 허락하겠다고 하였다. 만약 이것이 효과가 없을 경우, 우리는 그 보호자와 한 회기를 가져 그녀가 화났을 때 부모가 어떻게 그녀를 회피하였는지 목격하면서 이러한 버림받음을 경험한 추방자의 짐을 내려놓는 작업을 할 수도 있다.

어떤 경우에는 단순히 의절당한 분노를 다시 맞아들이는 것만의 문제가 아닐 수 있다. 분노를 찾기 어려울 수 있기 때문이다. 분노의 경험조차도 차단하는 부분이 있을 수 있다. 따라서 내담자는 슬픔이나 두려움 정도만 접촉할 수 있게 된다. 만약 추방자가 고통만을 느끼고 그들이 당한 것에 대한 분노를 전혀 경험하지 못하는 현상이 지속적으로 감지된다면 내담자에게 분노를 차단하는 보호자가 있는지 알아보라고 하는 것이 현명할 것이다. 그러고 나서 당신은 의절당한 분노에 접근하기 위해 이 보호자와 작업한다.

분노의 표현

많은 경우 부분은 분노를 경험하고는 그것을 상상 속에서 내면적으로 표현하게 된다. 소리를 지르고, 주먹으로 때리며, 누군가를 뒤흔들고 혹은 심지어 폭력을 행하는 모습을 머릿속에 그릴 가능성이 있다. 대개 내담자가 이러한 분노의 내적 표현에 참여하는 것을 좋아하기는 하지만 회기 중이라 하더라도 그것을 밖으로 표현하고자 하는 욕구를 드러내지는 않는다. 분노를 항상 밖으로 표현해야 하는 것은 아니다. 만약 내담자가 오랜 세월 동안 자신의 분노와 힘을 의절하여 왔다면 그것을 내면적으로라도 표현하는 것이 도움이 되기는 한다. 그러나 일반적으로 충분치는 못하다. 사람이 자신의 힘에 충분히 접근하기 위해서는 자신의 공격성을 몸으로 표출하고 밖으로 표현해야 한다.

그러므로 당신은 이같이 화난 부분이 내담자의 음성과 몸을 이용하여 신체적으로 분노를 표현하고 싶어 하는지 내담자에게 물어볼 필요가 있다. 어떤 회기에서도 내담자가 이 질문에 "아니."라고 대답할 수 있다. 그러나 만약 이것이 반복적으로 일어나고 있는 경우에는 분노의 표출을 허락하지 않는 보호자가 있기 때문에 분노를 밖으로 표현하고 싶어 하지 않는지 내담자에게 물어보라. 이를 통해 분노를 보이는 보호자나 (어떤 경우에는) 강한 것이 안전하지 못하다고 생각하는 보호자가 흔히 발견된다. 그러면 당신은 보호자와 작업할 수 있는 기회를 가지게 되어 분노를 충분히 신체화하고 표출하도록 함으로써 내담자의 힘을 키울 수 있게 된다.

내담자가 분노를 충분히 표현하는 것을 두려워하는 부분이 당신(치료사)에게 있다면 그들과 작업하는 것은 특히 중요하다. 만약 당신이 부모의 분노로 말미암아 두려워하게 되었거나 신체적으로 학대받았던 과거사가 있다면 내담자의 분노 표현에도 충분히 마음을 열 수 있도록 이것을 경험한 추방자를 치유할 필요가 있다.

한 가지 예를 들어 보자. 다이앤(Diane)은 어릴 적에 아빠와 묵계를 맺었다. 그 묵계는 다이앤이 아빠를 따르고 세상에서 자신의 힘과 능력을 키우지 않으면 아빠는 항상 그녀를 사랑하고 보호하겠다는 것이었다. 다이앤의 아빠는 이 약속을 저버렸으며, 그녀는 이제 50대가 되었고, 아빠는 세상을 떠났다. 하지만 그럼에도 그녀의 한 부분은 이 약속을 지켰다. 그 결과 다이앤은 그동안 자신의 역량을 키우고 삶을 성공적으로 이끄는 것이 힘들었으며 자신의 주장을 펼치기도 어려웠다.

우리는 회기 중에 이것을 탐색하면서 이 약속을 지켜 왔던 추방자는 아빠의 약속 및 배반에 대해 여러 차례, 그러나 항상 조용하게 마음속 이미지를 통하여 분노를 표현하였음을 알게 되었다. 내가 분노를 소리 내어 표현해도 괜찮다고 했을 때도 다이앤은 추방자가 그럴 필요는 없다고 하였다. 그러나 여러 회기가 지난 후 나는 의구심이 생겼다. 나는 그녀에게 이 분노를 밖으로 표현하기를 바라지 않는 보호자가 있는지 물었고, 그녀는 즉각적으로 자기 내면에 그런 보호자가 있다는 것을 깨닫게 되었다.

우리는 이것을 탐색하면서 그녀의 개인적인 역량을 막고 있는, 그리고 강하고 성공적이 되는 것을 두려워하는 추방자와 연결된 보호자를 더 많이 찾아내었다. 우리가 이 보호자와 작업하면서 그들이 점차로 긴장을 풀고 비켜서자 다이앤은 팔과 등에 힘이 솟는 느낌이 들면서 깊은 숨을 들이켰고, 눈에서는 불이 번쩍이며, 자신의 분노와 공격성을 몸으로 표출하게 되었다.

다음 단계는 그녀의 음성을 통해 분노를 표현하는 것이었는데, 여기서는 그녀의 공격성과 힘이 밖으로 표현되는 것을 차단하고 있는 훨씬 더 많은 보호자와 작업해야 하였다. 그들은 더 깊은 곳에서 버림받음과 죽음의 공포 가운데 있던 추방자를 보호하고 있었다. 우리가 이 부분의 짐을 내려놓게 하자 그녀는 자신의 분노를 밖으로, 충분히 몸으로 표출할 수 있었다. 이 작업은 다이앤으로 하여금 자신의 개인적인 힘에 더 많이 접근하고 자신을 주장할 수 있게 한으로써 그녀의 삶에 상당한 변화를 가져다주었다.

분노를 삶에 통합하기

일단 내담자가 의절당했던 자신의 분노를 회기 중에 다시 맞아들였다면, 그들은 그 분노를 건강한 방식으로 사람들과의 상호작용에 통합하는 방법을 배워야 한다. 그들은 종종 자신이 관계하고 있는 사람들에게 비정상적으로 화를 내기 시작한다. 사람들에게 딱딱거리거나, 분노를 직접 표현하지는 않으나 적대감을 가지고 있으며, 때로는 분노가 새어 나온다. 평생 동안 억압되고 의절당했던 분노가 결국 표출되는 것이다. 화난 부분은 그 부분을 활성화하는 특정 사건에 대해서만 화를 내는 것이 아니다—화난 부분은 자신이 그토록 오랫동안 억압되어 있었다는 사실에도 성을 내고, 내담자가 사람들에게 알랑거리고 아첨하였던 모든 방식과 태도에 대해서도 화를 낸다.

내담자가 분노를 건강한 방식으로 자기의 상호작용에 통합하는 방법을 아직 알아내지 못한 경우에는 분노가 다듬어지지 못한 모습으로 표출된다. 내담자의 공격성은 내담자가 그것을 표현할 수 있는 건강한 방식을 찾을 때까지는 한동안 극단으로 흐른다. 추가 평생 동안 억압하는 쪽으로 너무 가 있다가 이제는 표현하는 쪽으로 너무 멀리 건너왔는데, 결국에는 가운데에서 제자리를 찾을 수 있게 된다.

이같이 다듬어지지 못한 분노는 내담자뿐만 아니라 그들이 상호작용하고 있는 사람들까지도 혼란스럽게 할 수 있다. 원래 분노를 의절하였던 보호자는 이제 자신의 말이 맞는다고 생각한다. "지금 어떤지 보시오. 자, 내가 분노는 나쁜 것이라고 하지 않았소." 이때 화난 부분과 분노를 짓밟고자 하는 보호자 사이에 양극화 현상이 일어난다.

비록 내담자의 분노가 극단적일지라도 치료사인 당신은 내담자가 그 분노를 꺾게 해서는 안 된다는 것을 중요하게 인식해야 한다. 이 시점에서 분노의 표현은 바른 방향으로의 건강한 첫걸음이 되어야 한다. 당신은 단순히 분노에 의해 보호받고 있는 추방자에게 접근하여 그것을 치유한 다음, 화난 부분에게 그 분노를 내려놓으라고 요청할 수는 없다. 비록 분노가 보호자이며 극단적인 상태이기는 하지만 내담자는 자신의 힘을 다시 소유하는 과정 중에 있다. 이 프로세스를 해치지 않도록 하는 것이 중요하다.

사실 분노가 극단적인 이유 중의 하나는 화난 부분이 자신을 좋아하지 않으며, 억누르고 싶어 하는 보호자와 싸우고 있기 때문이다. 이 보호자의 편을 들지 않도록 조심하라.

비록 분노가 지금 당장은 극단적이더라도 당신은 내담자의 화난 부분을 알아 가며 그것이 내담자의 삶에 긍정적인 품성을 가져다주도록 도울 수 있다. 이렇게 하기 위해서는 당신이 화난 부분과 억압하는 보호자 사이의 양극화 현상에 대해 작업해야 할지도 모른다. 일단 참자아 상태의 내담자가 화난 부분에게 정말로 감사한다면 화난 부분은 종종 긴장을 풀고 덜 극단적이 된다. 화난 부분은 이제 참자아와 연결되고 협력하게 된다. 이것은 분노가 사람들과의 실제 상호작용에서 건설적으로 표현될 수 있도록 참자아 상태의 내담자가 안내할 수 있는 기회를 마련해 주는 것이다.

이것은 분노가 힘으로 바뀔 수 있도록 해 준다. 최종 결과물은 내담자가 더 강해지고, 더 자기주장을 하게 되며, 만약 분노가 조금 남아 있더라도 그 상황에 좀 더 어우러지게 된다. 내담자는 분노가 아닌 힘을 바탕으로 사람들과 상호작용하는 방법에 대해 치료사인 당신의 코칭이 필요할 수도 있다. 여기에는 반응적이지 않으면서 확고하고, 강력한 방법을 비롯하여 앞서 논의한 바와 같이 부분을 대변하는 것이 포함된다.

한 가지 예를 들어 보자. 내담자 데비(Debbie)는 평생 자신의 분노를 의절해 왔다. 그리고 한편으로 그녀는 남을 기쁘게 하였다. 어릴 적에 그녀는 신체적으로 그리고 성적으로 학대를 당하였으며, 긍정적인 애착은 거의 없다시피 하였다. 그녀가 대처할 수 있는 유일한 방법은 자기 부모를 기쁘게 하려고 노력하는 것이었다. 이러한 노력은 결혼 생활과 친구 관계에서도 계속되었다.

그녀는 치료 회기에서 학대당하고 피폐해진 추방자에게 접근하여 그것을 치유하였을 뿐만 아니라 그녀가 당해 왔던 것에 대한 분노를 표현하였다. 그녀는 여러 회기를 통해 이 분노를 표현하면서 점차로 자신의 삶에서 분노를 조금씩 더 많이 느끼기 시작하였다. 그녀는 사람들이 자신의 경계선이나 욕구를 존중해 주지 않는다고 느낄 때마다 그들에게 소리 지르고 싶어 하는 이른바 '내면 미친 여자' 부분을 찾아내었다.

그녀는 '내면 미친 여자'를 향하여 양가감정을 가지게 되었다. 어떤 면에서는 그 부분에게 감사하기도 하였지만 기본적으로 그 부분은 자신의 인간관계에 해악을 초래할 수 있었기 때문에 심각한 문제로 여겼다. 한 회기에서 나는 그녀가 그 '내면 미친 여자'를 자세히 알아 가도록 도왔다. 그 부분은 자신의 임무가 사람들이 그녀를 압도하며 자신의 욕구를 존중하지 않는 행동을 못하게 하는 것이라고 하였다. 그 부분은 그녀를 보호하기 위해 무슨 일이든 하려고 하였고, 그 결과에 대해서는 신경 쓰지 않았다. 그 부분은 정말로 그녀가 가지고 있는 남을 기쁘게 하는 부분을 좋아하지 않았다.

그녀는 '내면 미친 여자'를 엄하게 판단하는 보호자를 가지고 있었다. 나는 그녀가 '내면 미친 여자'를 알아 갈 때 참자아 상태에 있을 수 있도록 그녀를 도와 보호자가 비켜서게 하였다. 그녀는 자신의 '내면 미친 여자'가 자신을 위해 무엇인가 하려고 하는 의도와 그 부분이 자신에게 제공해 줄 수 있는 힘에 대해 정말로 감사할 수 있게 되었다.

일단 그녀가 그 '내면 미친 여자'에게 자신의 고마워하는 마음을 전하자 그 부분은 누그러졌다. 그 부분은 자신의 극단적인 화난 태도를 내려놓고 격분보다는 힘을 통해 자신을 표현하는, 데비와 작업할 용의를 가지게 되었다. '내면 미친 여자'라는 용어는 이 부분을 다소 경멸하는 명칭이었다. 때문에 데비와 그 부분('내면 미친 여자')과의 관계가 바뀌면서 그녀가 그 부분에게 어떻게 불리고 싶은지 물었더니 그 부분은 '보디가드'라는 명칭을 택하였다.

이 회기에서는 '보디가드'에게 보호를 받고 있는 추방자와의 작업은 시도하지 않았다. 우리는 이미 그들의 짐을 상당량 내려놓았고, 그들과 해야 할 작업이 더 있기는 하지만 이 회기에서는 데비를 '보디가드'와 연결할 수 있도록 지원해 주는 것만이 중요하였다. 우리는 후속 회기에서 이 추방자와 작업할 수 있을 것이고, 만약 필요하다면 이를 통해 보디가드가 덜 극단적이 되도록 도와줄 수 있을 것이다.

데비가 자신의 '보디가드'와 새롭게 연결됨으로써 과도하게 부풀려진 분노의 반응은 점차 가라앉았고 자기주장 및 한계 설정의 확고한 능력으로 바뀌게 되었다.

제 3 장

추방자 분노

비록 분노 자체는 의절당한 상태가 아닐지라도 추방자 역시 분노를 품을 수 있다. 추방자는 종종 자신이 어릴 적에 당했던 방식에 분노를 느낀다. 예를 들어, 샐리(Sally)의 언니는 샐리가 언니와 언니 친구들과 놀려고 할 때마다 샐리를 놀렸다. 이로 인해 샐리의 추방자 하나가 수치감을 가지게 되었고, 언니에게 분노도 느끼게 되었다. 이 같은 추방자 분노는 보호자 분노와 다르다. 추방자 분노는 수치심과 함께 느껴지기 때문이다. 만약 보호자 분노였다면 그것이 올라와 수치심을 차단하였을 것이다.

　우리는 추방자 분노와 함께 참자아를 목격자로 하여 추방자가 그 분노를 느끼고 표현하도록 독려해야 한다. 샐리의 경우, 추방자는 언니에게 내면적으로 분노를 표현할 필요가 있었다. 이것은 목격하기 단계의 일부로서 추방자의 짐 내려놓기 단계 전에 행해져야 한다. 추방자의 분노 목격하기 단계는 추방자의 고통이 목격되기 전이나 후에 행해질 수 있다. 그리고 나서 추방자는 부정적인 신념의 짐을 내려놓게 된다.

[그림 3-1]

추방자 분노: 동반되는 수치심

추방자를 보호하는 상상을 하면서 분노 표현을 두려워하는 보호자와 작업한다. 그리고 추방자의 고통과 분노를 목격한 다음, 마지막으로 부정적인 신념의 짐을 내려놓도록 한다.

이 상황에서는 상상을 통한 분노 표현을 두려워하는 보호자—특히 내담자가 어릴 적에 이 분노를 표현했었더라면 격분하거나 폭력적인 반응을 보였을 부모에게 분노를 표현하기 두려워하는 보호자—와 작업해야 할지 모른다. 어린아이 부분이 안전한 느낌 가운데 자신을 표현할 수 있도록 내담자가 머릿속으로 부모의 분노 표출에서 추방자를 보호하는 상상을 하도록 도와라. 참자아가 체격이 큰 아빠를 대항할 만큼 크고 강할 수 있다고 내담자에게 설명하라. 그래서 내담자로 하여금 참자아 상태에 있는 내담자가 아빠보다 훨씬 크고 강하다는 상상을 하게 하여 내담자의 참자아가 추방자를 아빠에게서 쉽게 보호함으로써 분노를 충분히 표현할 수 있게 하라.

건강한 공격성과 바로잡는 정서적인 경험

원래의 어릴 적 상황이 어떤 해를 포함하고 있을 때는 치유 과정에서 내담자가 건강한 공격성에 접근하는 것이 도움이 된다. IFS 프로세스의 재양육 단계[1]에서 추방자는 종종 가해자였던 부모(혹은 다른 사람)를 저지시킴으로써 참자아가 과거에 받았던 해에게서 자신을 보호해 주기를 바란다. 이러한 보호행위는 비록 분노 없이도 행해질 수 있지만 때로는 가해자에게 분노를 표현할 수도 있다. 이러한 보호는 추방자가 안전감을 느낄 수 있게 해 주고, 따라서 추방자를 데리고 나오며 짐을 내려놓기 위한 좋은 준비가 된다. 때로는 추방자 자신이 참자아의 지지와 보호를 받으면서 분노를 표현하고 싶어 하기도 한다.

이 보호행위가 분노를 포함하고 있을 때 건강한 공격성을 지니게 되고, 분노를 몸으로 표출하면 보다 더 효과적인 치유를 가져다준다. 이러한 분노 표출의 보호행위가 보호받고 안전하며 또한 강력하고 강한 느낌의 경험을 내담자에게 가져다준다. 이것은 약하고, 무기력하며, 해를 입거나 심지어 외상을 입은 추방자의 원래 경험을 고쳐 쓰는, 바로잡는 정서적인 경험이다. 사실 외상에

---

1 재양육은 내가 도입한 용어다. 리처드 슈워츠(Richard Schwartz)는 이것을 데리고 나오기의 예비적 측면으로 보고 있다. 나는 그것을 IFS 프로세스에서 그 자체로서도 중요한 독립된 단계로 본다.

대해 작업하고 있는 내담자에게는 이런 식으로 분노를 표현하는 것이 치유 과정의 중요한 측면이다.

당신은 이 경우에 왜 내가 재양육이라는 용어를 사용하고 있는지 의아할 것이다. 참자아가 보호를 제공하고 있다는 것은 참자아가 좋은 부모가 제공해야 할 보호 기능을 제공하고 있다는 의미이기 때문에 이것은 분명히 재양육이다. 그러나 추방자가 분노를 표현함으로써 자신을 보호하고 싶을 때일지라도, 이것은 참자아가 추방자에게 이렇게 하라고 지지하면서 부모의 어떤 반응도 막아내며 보호하고 있을 때에만 가능하다. 따라서 이것조차도 재양육의 한 형태라고 할 수 있다.

그러나 여기서 더 큰 문제는 이것이 바로잡는 정서적인 경험이라는 사실이다. 이것이 실제로 재양육으로 보이든 그렇지 않든 간에 이것은 IFS 프로세스의 재양육 단계의 주 기능이다. 바로잡는 정서적인 경험이 대부분의 경우 재양육의 형태를 취한다는 이유때문에 나는 그것을 재양육 단계로 부르고 있다.

한 가지 예를 들어 보자. 월트(Walt)는 직장에서 상사에게 판단받을 때마다 강렬하게 활성화되는 추방자를 가지고 있었다. 월트는 엄마에게 신체적으로 학대받던 어릴 적 장면으로 거슬러 올라가 이 부분과의 작업을 시작하였다. 작업 초기에 나는 월트에게 참자아 상태에서 그 장면에 들어가 추방자가 그에게서 어떤 것을 필요로 하는지 알아보라고 독려하였다. 추방자는 엄마가 추방자의 마음을 아프게 하는 것을 그(월트의 참자아)가 막아 주었으면

하였고, 그는 상상 속에서 그렇게 하였다. 그러고 나서 추방자는 짐 내려놓기 프로세스를 진행하였고, 그것은 성공적인 것으로 보였다.

그러나 월트는 그 다음 주에 상사 근처에 갔을 때에도 여전히 화가 났다고 하였다. 우리가 두 번째 회기에서 이에 대해 작업할 때 월트의 추방자는 여전히 엄마를 두려워하였다. 이번에는 그가 훨씬 더 노골적·공격적으로 엄마를 중지시키고 싶은 욕망을 느꼈다. 내 격려에 힘입어 그는 일어서서 그녀에게 반복적으로 '그만두라.'고 소리 지르고는 연속으로 태권도 발차기를 행하였다. 이것은 그에게 추방자를 보호할 수 있는 힘을 몸으로 표현하는 경험을 가져다주었고, 그 결과 추방자는 훨씬 더 안전감을 느꼈으며, 그의 두려움은 엄청나게 줄어들었다.

이것은 오랫동안 지속되는 자발적인 짐 내려놓기[2]를 행한 격이 되었다. 월트는 그 후 상사와 훨씬 편한 사이가 되었다. 분노를 신체적으로 표현하는 것이 그가 두려움을 충분히 내려놓는 데 매우 중요한 역할을 하였다. '몸으로 경험하기(Somatic Experiencing)'[3]의 외상 재검토 과정에서도 건강한 공격성의 가치를 인정하고 있다.

이 공격성을 '건강'하게 만든 것은 실제 삶에서가 아니라 치료

---

2 자발적인 짐 내려놓기는 명시적인 짐 내려놓기 의식을 필요로 하지 않는다. 그것은 다른 IFS 프로세스를 통해 자연스럽게 일어난다.
3 Peter A. Levine, *Healing Trauma: Restoring the Wisdom of the Body*, Sounds True, 1999.

회기에서만 행동으로 표출되었나는 사실이다. 다시 말해 참자아가 책임지고 있었고, 따라서 치유는 되지만 아무에게도 상처를 주지 않는 상황에서 공격성을 행동으로 표출할 수 있었다. 만약 이 분노가 내담자의 삶에서 행동으로 표출된다면 아마도 다른 사람에게 해를 끼칠 것이다. 실제 삶에서 이 분노를 다루는 건강한 방식은 앞서 논의한 바와 같이 화난 부분을 대변하는 것이다.

제**4**장

회기 사례:
격분을 힘으로 바꾸기

도러시(Dorothy)는 내가 가르치는 IFS 분노작업 교육반의 학생
이었다. 그녀는 그동안 억압되어 있던 화난 부분에 대해 작업하고
자 자원하였다.

　제이: 좋습니다, 도러시. 준비되면 언제든지 시작하세요.
　도러시: 생존권이 없다는 생각이 들어요. 그것이 내 삶에서 너무
　　많은 부분을 차지하고 있어요. 무감각하기 이를 데 없는 부모
　　가 내게 다양한 경로로 그런 메시지를 주었어요. 부모에 대한
　　격분 때문에 추방자를 돌보기가 너무 힘들어요. 나의 한 부분
　　은 이렇게까지 이야기하고 있어요. "아니야, 내가 이렇게 추
　　방자를 돌보려고 애쓸 필요는 없어. 나를 양육해야 했던 사람
　　은 당신들이잖아." 부모는 내게 나를 살려 둘 수 없었다 혹은
　　내가 실수로 태어났다는 내용의 이야기를 수없이 많은 방법
　　으로 확실히 전달해 주었지요. 더욱이 나를 미치게 만든 것은
　　나의 부모가 대단히 잘생겼다는 것이었어요.

제이: 그래서 당신이 작업하고자 하는 것은 부모에게 격분하는 부분이라는 이야기입니까?

도러시: 맞아요. 그렇지만 무서워요.

제이: 네, 부모에게 격분하는 부분이 있고, 그 격분을 무서워하는 당신의 또 다른 부분이 있는 것 같습니다. 그렇지요?

도러시: 네, 맞아요.

제이: 좋습니다. 격분을 무서워하는 부분과 함께 시작해야 할 것 같습니다. 괜찮겠습니까?

♣ 무서워하는 부분은 격분을 느끼거나 표현하지 못하게 하는 보호자다. 우리는 격분에 찬 부분과 작업할 수 있는 허락을 얻기 위하여 보호자와 작업을 시작한다.

도러시: 네, 좋아요.

제이: 좋습니다. 이제 내면으로 들어가 그 부분에 초점을 맞추세요. 그리고 그 부분과 접촉하게 되면 알려 주세요.

도러시: 네, 무서워하는 부분을 몸에서 느낄 수 있어요. 떨려요. 무릎이 떨려요.

제이: 좋습니다. 그 부분을 알아 가고 싶다고 이야기해 주려면 먼저 그 부분에게 인사하세요.

도러시: 온몸이 떨려요.

제이: 그렇습니까? 무서워하는 부분을 도울 수 있도록 그 부분이

당신에게서 약간만 떨어져 있을 용의가 있는지 물어보세요.

♣ 나는 그녀의 몸이 두려움으로 떨고 있어서 그녀가 무서워하는 부분과 섞여 있다고 가정하였다. 그래서 분리하기 작업을 하기로 한다.

도러시: 투덜거리고 있어요.

제이: 우리가 그 부분에게 아주 떠나 달라고 요청하는 것이 아니라고 이야기해 주세요. 우리는 당신이 그 부분을 곁에서 도울 수 있도록 하기 위해 단지 약간의 공간만 남기고 떨어져 달라고 요청하는 거라고 말이죠.

♣ 나는 투덜거림을 떨어지라는 것에 대한 거절로 해석한다. 그래서 무서워하는 부분이 떨어지는 것이 내쫓긴다는 뜻이 아님을 확실히 하고 있다.

도러시: "나는 그 말을 신뢰하지 않아."라고 하네요.

제이: 그 부분이 당신과 어느 정도 공간을 두고 떨어져 있으면 어떤 일이 일어날까 봐 두려워하는지 물어보세요.

도러시: 꽤 신경질적이에요. 소리만 지르고 있어요. "몰라."라고 하네요.

제이: 음⋯⋯ 흠⋯⋯. 지금 어떤 느낌인지 물어보세요.

도러시: "엄마가 두려워. 아빠가 두려워. 모든 사람이 두려워. 전쟁

이 두려워. 어떤 일이 일어날지 모르겠어."라고 하네요.

제이: 그것이 격분에 찬 부분을 무서워하는 부분인가요?

♣ 그 부분이 많은 것을 두려워하고 있는 것으로 보이기 때문에 나는 그녀가 격분을 두려워하는 부분을 제대로 찾았는지 체크하였다.

도러시: 네, 그 부분이 모든 것을 엉망으로 만들어 놓아서 아마 응징해야 할 것 같아요.

제이: 좋습니다. 지금은 그 부분을 향해 어떤 느낌이 듭니까?

♣ 그 부분을 제대로 찾았다. 그리고 지금 그녀는 그 부분에서 어느 정도 떨어져 있는 것 같아 보인다. 그래서 그녀가 참자아 상태에 있는지 체크해 보기 위해 그 부분을 향하여 어떤 느낌이 드는지 물어본다.

도러시: 일부는 그 부분과 섞여 있고, 일부는 그 부분에게 화가 나 있어요. 그래서 나는 참자아 상태에 있다고 할 수 없어요.

제이: 좋습니다. 그 부분에게 화가 나 있는 부분은 왜 화가 나 있는지 이야기하고 싶어 합니까?

도러시: 이렇게 이야기하고 있어요. "네가 너무 오랫동안 이러고 있잖아." "겉모습은 아주 잘생긴 이 위선자에게 우리가 이제 분노를 표현할 때가 됐어."

제이: 분노를 표현하는 것이 좋겠다는 것에는 동의해요. 그러나 격분에 찬 부분에게 화를 내는 것은 도움이 되지 않을 거예요. 당신이 참자아 상태에서 분노에 다가가기까지 이 무서워하는 부분과 함께 있을 수 있도록 그(화가 나 있으면서 염려하는) 부분이 옆으로 비켜설 용의가 있는지 알아보세요.

도러시: 퉁명스럽게 말하네요. "좋아, 조금만."

♣ 그녀는 무서워하고 있는 부분에게 화가 나 있으면서 염려하는 부분을 파악하였다. 나는 염려하는 부분에게 하고 싶은 이야기를 하라고 독려하는 한편 "만약 화가 나 있으면서 염려하는 부분이 비켜선다면 자연스럽게 분노를 표현하게 될 것 같다. 결국 그것이 그 부분이 바라는 것 아닌가."라고 하면서 염려하는 부분을 안심시킨다. 이것이 효과를 보이는 것 같다.

제이: 좋습니다. 당신이 지금 그 무서워하는 부분을 향하여 어떤 느낌이 드는지 체크해 보세요.

도러시: 약간 안심이 돼요. 그래서 나는 그 부분에서 훨씬 더 떨어졌어요. 내 몸 안에 많은 에너지가 돌아다니고 있는 것이 여전히 느껴져요. 그러나 그렇게 떨리지는 않아요. 마치 파도처럼 움직인다고 할까.

제이: 좋습니다. 이제 그 부분을 향하여 어떤 느낌이 듭니까?

도러시: 더 참을 수는 있게 되었지만 참자아 상태로 있을 만큼은

아닌 것 같아요. 정말로 그 부분을 맞아들일 마음은 아니에요.

제이: 좋습니다. 화가 나 있으면서 염려하는 부분이 아직도 완전히 옆으로 비켜서지 않은 채로 있나요, 아니면 다른 부분인가요?

도러시: 화가 나 있는 부분이 아직도 있어요.

제이: 분노에 다가가기까지 그 부분이 조금만 더 비켜설 용의가 있는지 알아보세요.

♣ 화가 나 있는 부분이 완전히 비켜서지 않았다. 그래서 나는 다시 요청한다.

도러시: 에너지와 관련해서 매우 이상한 일이 일어나고 있어요. 내 몸 깊은 곳에서 에너지가 돌아다니고 있는 것 같아요.

제이: 어떤 종류의 에너지인가요?

도러시: 분노의 에너지…….

제이: 무서워하는 부분이 여전히 그곳에 있는지 체크해 보세요.

도러시: 잘 있어요. 무서워하는 부분이 비켜서 있어요.

제이: 그 부분이 비켜서 있어서 당신이 지금 느끼고 있는 분노 에너지로 바뀐 것이 아닌가 생각되네요.

♣ 화가 나 있으면서 염려하는 부분뿐 아니라 무서워하는 부분도 비켜섰다. 그래서 그녀는 이제 격분에 찬 부분에 접근할 수 있게 되

었다.

도러시: 그런 것 같아요. 껑충껑충 뛰는 것 같은 격분에 찬 부분이
있는데, 에너지가 나오는 것을 기뻐하는 것 같아요. 짙은 흑
색이에요. 이제 원초적으로 활기를 찾고 있어요.

제이: 그 부분을 향하여 어떤 느낌이 드십니까?

도러시: 놀랐어요. 약간은 호기심이 생겼고요. 조금 무섭기는 하
지만 그리 심각하지는 않아요.

제이: 좋습니다. 그 부분이 원하는 대로 자신을 표현하며 자기 이
야기를 할 수 있도록 독려해 주세요.

♣ 그녀가 이제는 참자아 상태에 있는 것 같아서 나는 그 부분에게
자신을 표현하라고 독려한다.

도러시: "나는 격분 에너지 자체야."라고 하면서 격정적인 춤을
추고 있는 것 같아요. 어머, 갑자기 뭔가 생각났어요. 어떤 치
료사가 언젠가 내게 이렇게 이야기했어요. "당신은 제2차 세
계대전의 책임을 혼자 지고 있는 것 같습니다." 그래요. 만약
제2차 세계대전이 일어나지 않았다면 아마 내가 일으켰을 거
예요.

제이: 그 정도로 엄청난 격분이에요?

도러시: 네, 그럼요. 부모는 물론이고 내가 자라면서 알게 되었던

거의 모든 사람을 죽이고 싶어요. 자비를 베풀 마음이 전혀 없어요.

제이: 좋습니다. 그 부분에게 하고 싶은 일은 어떤 것이든 해 보라고 하세요.

도러시: 어머! 온몸이 다시 떨리네요. 정말로 떨려요. 내 팔이 떨려요. 아주 크게. 어머!

제이: 좋습니다. 그대로 가만히 놔두세요.

♣ 이 격분에 찬 부분이 아마 보호자라 하더라도 나는 일차적으로 그것을 의절당한 부분으로 취급하고 있다. 달리 말하면 그녀의 분노가 그동안 억압되어 왔었기 때문에 그 부분이 보호하고 있을지 모르는 추방자에게 몰래 접근하기보다는 힘을 키우기 위해 그녀가 그 격분에 찬 부분을 느끼고 표현하는 것이 더 중요하다고 생각한다. 힘은 나중에 저절로 따라온다.

도러시: 어머! 이제 그 부분이 정말로 화를 내며 이야기하고 있네요. "지긋지긋해. 꼴도 보기 싫어."

제이: 네, 자신을 표현하기 위해 몸과 음성을 실컷 사용하라고 해 보세요.

♣ 나는 격분을 (그리하여 힘을) 충분히 신체적으로 표현해 보라고 그녀를 독려하고 있다.

도러시: "지긋지긋해. 꼴도 보기 싫어." 으으…… 아악, 아악……
으르. (계속해서 소리 지르고, 으르렁거리는 소리) 이 부분은
말로 이야기하고 싶어 하지 않아요.

제이: 네, 괜찮습니다.

도러시: 어머!

제이: 무슨 일인가요?

도러시: 내 몸을 엄청나게 뒤흔들고 있어요. 격렬하게. 갑자기 그
리고 격렬하게 내 몸을 뒤흔들고 있어요. (더욱 소리 지르고,
으르렁거리는 소리)

이제 그 에너지가 바뀌었어요. 이제는 일종의 상쾌한 에너지
예요. 이제는 분노가 사라지고 그냥 에너지일 뿐이에요. 놀랍
네요! 내 등골을 타고 올라가 손으로 내려오고 있어요.

♣ 분노가 순수한 힘으로 바뀌었다.

제이: 그 에너지를 부분으로 다루어 봅시다. 그리고 그 에너지, 즉
그 부분에게 인사하세요. 그 부분이 어떻게 이야기하는지 보
세요.

도러시: 놀라워요. 이제 에너지가 내 머리로 옮겨 왔어요. 정말로
내 몸 전체에 퍼졌어요. 내가 지금까지 전혀 경험해 보지 못
한 거예요.

제이: 그 부분이 당신에게 어떤 도움을 줄 수 있는지 물어보세요.

도러시: "나는 여태까지 올가미에 갇혀 있었어요. 나로 인해 당신이 존재할 수 있어요. 나는 당신 몸 안을 돌아다니기를 고대하고 있었어요. 당신 안에서 머물기를 기다려 왔어요."라고 말하네요.

♣ 이것은 그 부분이 진정으로 의절당한 부분임을 분명히 말해 준다. 그래서 우리는 그 부분을 그녀의 내면가족으로 다시 맞아들인다.

제이: 네, 그 부분을 맞아들이세요!

도러시: 어머! 막 눈물이 쏟아질 것 같은 느낌이에요. 최근에 했던 작업에서 내가 태어나기 전에 누군가 나를 없애 버리고 싶어 했었다는 것을 정말로 깨닫게 되었기 때문이에요. 그것을 태아나 배아는 알고 있었어요. 그 후로 오랜 시간이 흘렀어요. 이 에너지를 되찾기까지.

제이: 그래서 감동하여 눈물이 나오는 건가요?

도러시: 네.

제이: 이제 당신 몸에서 그 에너지—생존권을 되찾고자 하는 에너지—가 어떻게 느껴지나요?

도러시: 몸에서 아주 잘 느껴져요. 그 질문을 잘해 주셨어요. 손가락에서도 에너지를 느낄 수 있고, 등에서도 에너지가 느껴져요. 그러나 폐에서는 아직 충분치 않아요. 바로 지난주에 호흡기에 염증이 있었어요. 그리고 내가 아기였을 때에도 같은

중세로 거의 죽을 뻔했어요. 그러고는 이 싸움이 계속되고 있어요. 이 생명을 위한 싸움이 재현되고 있는 중이에요. 그런데 그 에너지가 내 발끝까지 흘러가는 것 같지는 않아요. 폐에서처럼 발에서도 에너지가 들어오지 못하게 하고 있어요. 그렇지만 내 목소리에서는 에너지를 느낄 수 있어요. 내가 조금 더 큰 소리로 이야기하고 있잖아요.

제이: 시간을 내어 당신 몸 각 부분에 있는 에너지를 느끼며 정말로 즐겨 보세요. 정말로 그 에너지 안에 푹 잠겨 보세요. 느끼세요. 그리고 즐기세요.

도러시: 어머, 정말로 강력하네요! 에너지를 들여보내지 않고 있는 폐와 발은 나머지 부분과 엄청나게 대조가 되네요.

♣ 그녀가 생존권을 되찾고자 하는 에너지(즉, 힘)를 몸으로 얼마나 표출하고 있는지 주목하라. 이것으로 그녀는 더욱 활기가 넘치고 있다.

도러시: 이제 어떤 동물이 보여요. 표범 같은데 으르렁거리고 있어요. (더욱 으르렁거리는 소리)

♣ 그 부분은 다시 분노 에너지로 바뀌었다. 그래서 나는 분노의 초점에 대해 물어본다.

제이: 그 부분이 특정한 사람에게 으르렁거리고 있습니까? 당신 부모나 가족에게 으르렁거리고 싶어 합니까, 아니면 누구에게나 그러는 겁니까?

도러시: 이렇게 이야기하고 있어요. "참견 마, 멍청이들아. '네가 그래서는 안 돼.'라고 이야기하지 마. 나를 싫어한다면 그건 네 문제야." (웃음)

♣ 이 회기에서는 치유 프로세스가 두 가지의 다른 포인트를 가지고 진행되고 있다. 하나는 도러시가 자신의 분노를 다시 소유하며 힘을 키우고 있다는 것이고, 다른 하나는 그녀가 어릴 적의 상황을 고쳐 쓰고 있다는 것이다. 원래 그녀의 부모는 그녀가 살 만한 가치가 없는 존재인 것처럼 자신에 대해 언짢게 느끼도록 만들었다. 추방자에 대한 치유 프로세스 중의 하나는 원래 상황을 바로잡는 정서적인 경험을 제공하는 것이다. 이 경우에 참자아는 추방자가 원래의 해악에 대항하여 싸울 수 있도록 지지하고 있다. 추방자는 자신의 가치와 생존권을 선포하고 있으며, 자신의 생명이 위협받고 있다는 느낌에 대항하여 자신을 보호하고 있는 것이다.

리처드 슈워츠(Richard Schwartz)는 이 바로잡는 활동을 '데리고 나오기'의 예비적 측면으로 보고 있다. 나는 그것을 그 자체로서 중요한 의미를 가지는 IFS 프로세스의 독립된 단계로 본다. 『참자아가 이끄는 소인격체 클리닉(Self-Therapy)』에서 나는 이것을 '재양육' 단계라고 부른다. 왜냐하면 '상황을 고쳐 쓰기'는 거의 항상 참자아가 추방자를 재양육하는 것을 포함하고 있기 때문이다. 그러나 재양육에는 어떤 종류의 바로잡는 정서적 경험도 포함된다.

도러시: 그런 생각이 내게서 나왔다니 놀랍네요. 전에 없던 새로운 거예요! (더 많은 웃음소리) 그런 생각이 내게서 나왔다니 믿을 수 없어요! 어머!

제이: 기쁨이 솟고 있나요?

♣ 그녀는 자신의 분노에 반응하고 흥분하여 어릴 적 상황을 고쳐 쓰고 있다. 그리고 그녀의 웃음에는 기쁨이 담겨 있다. 그녀는 자신의 힘을 기뻐하고 있는 듯하다.

도러시: 네, 마음에 들어요. "나를 싫어한다면 그건 네 문제야." 어머! 내가 어린아이, 청소년, 청년 시절부터 그 이야기를 해 주고 싶은 사람이 많이 있었어요. 내게 책임을 전가하는 내 가족도 포함해서요.

제이: 그래서 지금 어떤 느낌입니까?

도러시: 안도감이 느껴져요. 아직 폐로 깊이 숨을 쉬지는 못하고 있어요. 발에 안정감이 더해지고 있어요. 내 발가락에 감각이 더 느껴져요. 그리고 내 눈도 약간 자유로워지고 있어요. 결국 폐만 아직 따라오지 못했어요. (잠깐 쉰다.)

네, 충분히 깊이 숨을 쉬지 못하는 이유는 모르겠지만 나의 나머지 부분은 놀라운 느낌을 가지고 있어요. 있잖아요, 당신 (제이)의 힘을 다시 얻는다고 한 이야기가 꼭 들어맞았어요. 나머지 부분은 꼭 집어 이야기할 수는 없지만 강해진 느낌이에요. 이것은 여태껏 경험해 보지 않았던 꽤 낯설고 특별한 것이에요.

♣ 나는 분노와 힘 사이의 관계에 대해 교육반에서 가르쳤었다. 그녀가 분노를 표현하면 할수록 에너지는 그녀의 몸 안에 더욱 머물게 된다는 것에 주목하라.

도러시: 또 하나 감지한 것이 있는데 내 어깨가 자유롭지 않다는 거예요.

제이: 그러면 어깨의 움직임이나 폐를 차단하고 있는 부분이 어떤 것인지 체크해 보세요.

♣ 에너지가 여전히 그녀의 몸 여러 부분에 전달되고 있지 않기 때문에 나는 에너지를 차단하고 있을 가능성이 있는 부분에 대해 물어본다.

도러시: 너무 어려서 말을 못하는 부분이 있는 것 같아요. 어머! 그것이 어떤 느낌인지 아세요? 출생을 두려워하는―자궁에서 나오기를 두려워하는―부분 같아요.

제이: 좋습니다. 그 부분에 초점을 맞춥시다. 그 부분을 향하여 어떤 느낌이 듭니까?

도러시: 그 부분과 다소 섞여 있어요. 그러나 그렇게 심하지는 않아요. 그게 염려스러워요.

제이: 출생을 두려워하는 것에 대해 어떤 식으로든 좀 더 이야기를 해 달라고 그 부분에게 요청해 보세요.

도러시: 네, "안에 있는 것이 두려워요. 그리고 태어나는 것도 두려워요."라고 하네요.

제이: 태어나는 것에 대해 어떤 점을 두려워하는지 그 부분에게 물어보세요.

도러시: 이렇게 이야기하고 있어요. "사람들이 나를 죽게 놔둘 거야. 내가 산다고 해도 쓸모도 없을 거고."

제이: 사는 것에 대해 어떤 점을 두려워하는지 그 부분에게 물어보세요.

도러시: "소름 끼쳐요. 엄마는 이미 나를 미워하고 있어요."라고 말하네요.

제이: 이 점 때문에 그 부분이 정말로 겁먹었나요?

도러시: 네, 무서워하고 있어요. 떨고 있어요. 심하게 떨고 있어요.

♣ 그녀는 출생에 대한 두려움을 품고 있는 추방자와 접촉한다. 당신에게는 여기서뿐만 아니라 이 회기 안의 다른 곳에서도 감지할 수 있는 것이 있다. 그녀는 너무 어려서 말 못하는 부분을 가지고 있

으며, 엄마가 자기를 미워할 거라는 이야기같이 좀 더 나이 든 부분만이 가지고 있을 수 있는 정보도 가지고 있는 듯 보인다. 어린 부분이 종종 나이 든 부분에게서 나오는 정보에 접근하지만 이런 일이 일어나고 있는 줄은 깨닫지 못하는 것으로 생각된다.

제이: 이것이 어떤 모습인지에 대해 그 부분이 더 이야기해 주고 싶어 하는 것이 있는지 알아보세요.

도러시: 별로 없어요. 나는 한 달이나 일찍 태어났어요. 그런데 사람들은 우리 둘을 살릴 생각도 하지 않았어요. 그런데…… 어머! 나는 이 자그마한 존재가 부모가 내게 이야기한 것을 알고 있었다고 생각해요. 사람들이 이 이야기를 해 주었을 때가 내가 일곱 살 때쯤이었어요. 내가 태어날 때 엄마가 죽을 뻔했답니다. 그런데 사람들이 아빠에게 어느 쪽을 살려야겠냐고 물었다네요. 아빠는 이렇게 이야기했대요. "물론 애 엄마를 살려야지요. 아기는 언제든지 또 가질 수 있습니다."
내가 이해하기로, 어떤 의미에서는 그 부분이 이미 알고 있었다는 것이지요. 그 부분은 자기가 살 가능성이 없을 수도 있다는 사실을 알고 있었어요. 그래서 내 부분 중의 하나가 엄마를 죽이고 싶어 했어요. ……엄마를 죽도록 놔두자. 네, 나의 한 부분이 이렇게 이야기하고 있어요. "엄마를 죽게 하자. 나는 살게 하고 엄마는 죽게 하자." 그 정도면 됐나요?

제이: 더 큰 분노로군요.

♣ 추방자의 두려움은 격분으로 바뀌었다.

도러시: 격분—살의가 있는 격분이에요. 그런데…… 숨이 좀 더
잘 쉬어지네요. 어머! 숨쉬기가 약간 나아졌어요.

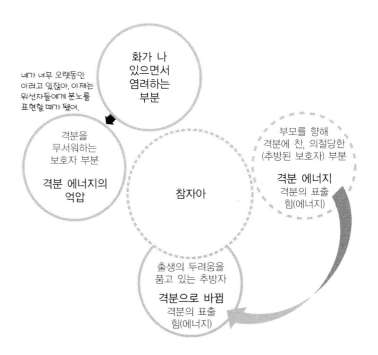

네가 너무 오랫동안
이러고 있잖아, 이제는
위선자들에게 분노를
표현할 때가 됐어.

[그림 4-1]

도러시 사례의 IFS 프로세스 도식
부모를 향해 격분에 찬 의절당한(추방된 보호자) 부분의 힘을 회복시키기 위해서
이 부분과 양극화 현상을 보이고 있는, 격분을 무서워하는 보호자 부분과 이 보호
자 부분에 대해 화가 나 있으면서 염려하는 부분 모두를 분리한다. 의절당한 부분
은 억압되어 있던 격분을 표출하면서 힘(에너지)을 회복하고 내면가족으로 받아들
여진다. 이 에너지에 힘입어 출생의 두려움을 품고 있는 추방자도 격분을 표출하
면서 힘을 회복하고 내면가족으로 통합된다.

♣ 그녀가 격분을 더 많이 표현하면서 그녀의 에너지는 점차로 그녀의 몸을 완전히 채울 수 있게 된다.

도러시: 내가 접촉하고 있는 격분이 또 하나 있어요. 또 다른 추방자에게서 나온 거예요. 부모가 얼마나 괴로워했었는지와 임신하기 전부터의 모든 이야기를 들려주었을 때는 그녀의 나이가 일곱 살이나 여덟 살쯤 되었었지요. 이것은 좀 더 나이가 든 추방자예요.

제이: 그 부분이 어린아이에게 그 이야기를 들려준 부모를 향해 격분한 부분입니까?

도러시: 네, 그 이야기가 무서웠기 때문이에요. 그들이 자초지종을 이야기해 주었어요. 지금 그 내용을 다 이야기하지는 않겠어요. 일곱 살 반밖에 되지 않은 내게 그 이야기를 하는 것이 부모에게는 괴로웠겠지요.

제이: 네, 그러면 그 부분이 가지고 있는 격분을 독려만 해 주세요.

도러시: 네, 그 부분은 계속 비명을 지르고 싶어 해요. "너희는 내가 누구인지 몰라. 너희는 내가 누구였는지도 전혀 몰랐어. 너희는 내가 누구인지도 모른 채 살다가 죽었어. 너희 둘 다!"라고 말하네요.

네, 너무나 무서웠어요. 엄마의 임신과 부모의 지나온 경험과 부모가 했던 일에 대해 그들이 들려준 이야기는…….

제이: 그래서 그것이 얼마나 무서웠는지 그 부분이 이야기해 주고

있는 거로군요.

도러시: 무서워요. 너무나 무서워요. 전체가 하나의 드라마예요. 정말로 있었던 사건이지만 여덟 살도 되지 않은 아이에게 그 이야기를 하는 것은……. 그리고 엄마가 내 동생을 임신했을 때 나는 엄마가 죽을까 봐 너무 놀라서 꼼짝도 못했어요.

제이: 그래서 당신이 접촉했던 마지막 부분은 격분하면서 그것을 표출했습니까? 그 부분이 그것을 표현했습니까? 그 부분이 당신에게 더 이야기하거나 더 보여 주려고 합니까?

도러시: 몸이 다시 많이 떨리네요.

제이: 떨려요? 두려움으로 아니면 격분으로?

도러시: 아니, 그게 아니에요. 에너지로 떨리는 거예요.

♣ 이 떨림은 아마도 두려움의 표현이다. 두려움은 차단당하지 않고 그녀가 분노와 힘을 경험하지 못하도록 차단하지도 않으며 경험되고, 표현되고 있다. 떨림은 또한 두려움의 자발적인 짐 내려놓기라고도 생각된다.

제이: 좋습니다. 그냥 가만히 놔두세요.

도러시: 네, 그 부분이 내 무릎과 팔을 심하게 떨리게 하고 있어요. 실제로 이제 내 온몸을 떨리게 하고 있어요. 어머! 으…… 그 표범이 다시 등장하고 있어요. 그 부분은 우리가 하고 있는 것 때문에 기분이 좋은가 봐요. 그리고 내가 표범에서 시

작해 이빨과 발톱이 된 것 같은 느낌이 들어요. (잠깐 쉰다.)

제이: 다음은 어떤 사건이지요?

♣ 그녀가 적어도 이번 회기에서는 필요한 만큼 격분을 느끼고 표현하였으며, 힘을 몸으로 표출한 것으로 보인다. 그래서 이제는 그녀의 관심을 자신이 접근하였던 추방자 중 하나로 옮긴다.

도러시: 내가 그 추방자를 찾아 안부를 물을 수 있는지 알고 싶어요.

제이: 어떤 추방자요? 일곱 살짜리인가요, 아니면 출산 전 태아인가요?

도러시: 출생하는 아기요.

제이: 좋습니다. 그러면 안부를 물으세요.

도러시: 그 아기가 나보고 자기를 내 배 속으로 들여보내 달라고 하네요. 그리고 자기가 내 안에 있어서 기분 좋아한다는 사실을 끊임없이 기억해 달라고 하네요.

♣ 그녀는 지금 이 추방자를 재양육하고 있다.

제이: 그래서 그 아기는 당신의 아기가 될 것인가요?

도러시: 네, 그 아기는 내 아기가 되고 싶어 해요. 그리고 우리와 추가적인 작업을 통해 그 아기가 태어날 준비가 될 때까지 그

곳에 실컷 머물러 있고 싶어 해요. 그래서 나는 그 아기를 내 안에 품고 있어요. 이제 괜찮으냐고 그 아기에게 물어보니 그렇다고 하네요.

제이: 좋습니다. 아주 훌륭해요. 그 아기가 원 없이 그곳에 머물도록 하면서 준비가 될 때까지 그 아기와 추가적인 작업을 하도록 하세요……. 여기서 끝내기로 합시다.

♣ 출생을 두려워하였던 이 추방자와 해야 할 작업은 더 있다. 그러나 이 정도면 한 회기로서 충분하다.

도러시: 감사합니다. 너무 좋았어요.

♣ 이 회기는 분노와 격분을 다시 소유하는 것이 자긍심과 기쁨을 증대시킬 뿐만 아니라 힘과 활력으로 나아가는 것임을 멋지게 보여 준다. 또한 분노의 표현이 어떻게 바로잡는 정서적인 경험이 될 수 있는지도 보여 주고 있다.

제 5 장

결 론

치료 회기에서 분노 표현하기

심리치료 회기에서의 분노 표현이 가진 가치와 그에 따른 잠재적 문제점에 대해 심리치료 영역에서 많은 논의가 이루어져 왔다. 이 문제에 대해 글을 쓰는 치료사는 흑백논리를 취하는 경향을 보인다. 내담자가 분노를 표현하도록 독려하는 것이 좋다 혹은 좋지 않다는 식인 것이다. 이 소책자에서 볼 수 있듯이 이것은 간단한 질문이 아니다. 때로는 분노를 밖으로 표현하는 것이 가치가 있지만 때로는 위험하기도 하다.

이 소책자에서 시도한 구분은 우리가 언제 분노를 밖으로 표현하도록 독려하는 것이 바람직하며, 언제 그렇지 못한지, 분노를 어떻게 표현하며, 이러한 표현이 어떤 목적에 부합되는지를 이해할 수 있도록 도와준다. 몇 가지 가능성을 보도록 하자.

1. 보호자 분노는 방어적인 목적으로 행해진다. 보호자 분노는

이해할 필요가 있으나 표현하는 것은 방어를 강화시킬 뿐이다. 세상에서 행동으로 표출되고 있는 분노는 특히 그러하다. 표현함으로써 더욱 행동으로 표출되도록 만들 가능성이 있다. 보호자 분노를 가지고 있는 내담자는 건설적으로 전하는 법을 연습함으로써 유익을 얻을 수 있다.

2. 추방자 분노는 목격할 필요가 있다. 추방자가 어떤 것을 원하느냐에 따라 추방자 분노가 밖으로 표현될 수도 있고, 그렇지 못할 수도 있다. 어떤 경우에는 분노를 표현하는 것이 치유 과정의 일부로서 바로잡는 정서적인 경험을 제공해 줄 수도 있다.

3. 의절당한 분노는 회기에서 내담자의 힘과 건강한 공격성에 접근하고 보통 이를 발전시키는 일환으로서 표현될 필요가 있다. 이러한 표현은 가능한 한 충분히 몸으로 표출되어야 한다.

조견표

다음은 이 소책자에 제시된 분노를 둘러싼 다양한 상황과 역동의 개요이며, 각각을 다루는 단계를 요약해 놓은 것이다.

A. 행동으로 표출된 보호자 분노
  1. 화난 보호자를 알아 가라.

2. 내담자가 실제 상황에서 분노를 억제하는 방법을 배우도록 도우라.

3. 화난 부분의 입장에서 말하는 것이 아니라 그 부분을 대변하는 방법을 내담자에게 가르치라.

4. 화난 부분이 보호하고 있는 추방자와 작업할 수 있는 허락을 얻으라.

5. 조건표의 단계에 따라 추방자의 짐을 내려놓도록 도우라.

6. 화난 보호자가 자기의 화난 역할을 내려놓도록 도우라.

B. 느껴지지만 억압된 보호자 격분, 혹은 눌려 있지만 가끔씩 폭발하는 보호자 격분

1. 격분한 부분과 차단하는 보호자 사이의 양극화 현상에 대해 작업하라.

2. 격분한 부분을 알아 가기 위한 허락을 얻으라.

3. A4~A6과 같이 보호자가 내려놓을 수 있도록 추방자를 치유하라.

C. 의절당한 분노

1. 화난 부분과 작업할 수 있는 허락을 얻기 위하여 의절하고 있는 보호자와 작업하라.

2. 화난 부분을 내담자의 내면가족으로 맞아들이라.

3. 힘을 키우기 위해 회기에서 분노를 표현하도록 독려하라.

4. 내담자 삶에서의 분노 표현을 판단하는 보호자와 작업하라.

5. 화난 부분이 줄 수 있는 나름대로의 가치를 인정하고 그것과 신뢰 관계를 발전시키도록 내담자를 독려하라.

6. 내담자를 도와 사람들과의 교류에 분노를 힘으로서 통합시키라.

D. 의절당한 보호자 분노

1. C에서와 같이 내담자의 힘에 접근할 수 있도록 화난 부분을 맞아들이라.

2. A4~A6과 같이 나중에 별도의 회기에서 정식 IFS 방법으로 화난 부분을 다루라.

E. 추방자 분노

1. 여느 추방자 감정에서와 마찬가지로 분노를 목격하라.

2. 만약 추방자가 원한다면 내담자가 분노를 밖으로 표현하도록 도우라.

3. 분노가 밖으로 표현되는 것을 막고 있는 보호자가 있다면 그것과 작업하라.

4. 만약 추방자가 원한다면 바로잡는 정서적인 경험으로 재양육 단계를 진행하는 동안 부모를 향하여 분노를 표현하도록 독려하라.

요 약

이 소책자는 IFS에서 분노와 작업하는 다양한 방법을 자세히 소개하고 있다. 분노는 다양한 맥락에서 생겨나며 각 상황마다 다르게 다룰 필요가 있음을 보여 주고 있다. 어떤 경우에는 정식 IFS 방법으로 목격과 치유를 해 줄 필요가 있다. 다른 상황에서는 내담자가 그것을 억제하고 건설적으로 소통하는 방법을 배울 필요가 있다. 또 다른 상황에서는 내담자가 힘을 키우는 방편으로서 회기에서 충분히 느끼고 표현할 필요가 있다. 그리고 때로는 분노가 치유 과정의 조력자가 되기도 한다. 많은 경우에 분노를 차단하는 보호자와의 작업이 이루어지는데, 때로는 여기에 보호자와 화난 부분 사이의 양극화 현상에 대한 작업도 포함한다.

용어 해설

섞임(Blending) 　어떤 부분이 내담자의 의식을 장악하여 내담자가 그 부분의 감정을 느끼고 그 부분의 태도가 진실인 것으로 믿으며 그 부분의 충동에 따라 행동하는 상황을 의미한다.

짐(Burden) 　과거의, 보통 어릴 적에 경험한 해로운 상황이나 인간관계의 결과로서 어떤 부분이 떠맡은 자신이나 세상에 대한 고통스러운 감정이나 부정적인 신념을 말한다.

염려하는 부분(Concerned Part)* 　당신이 초점을 맞추고 있는 보호자를 향하여 판단적이거나 화난 감정을 가지는 어떤 부분을 말한다. 내담자가 염려하는 부분과 섞여 있을 때는 참자아 상태에 있는 것이 아니다. 리처드 슈워츠(Richard Schwartz)는 이것을 보호자와 양극화를 이루고 있는 관리자로 본다.

---

* 내가 처음으로 도입한 이 용어는 공식적인 IFS 용어는 아니다.

의절당한 부분(Disowned Part)*   내담자의 원가족에게 수용되지 못했기 때문에 추방당한 어떤 부분을 말한다. 의절당한 부분이 보호자이면, 리처드 슈워츠는 그것을 추방 상태의 보호자라 부른다.

추방자(Exile)   과거에서 고통을 짊어지고 있는 어떤 부분, 보통 어린 아이 부분이다. 이 부분은 무의식으로 내쫓겨 내담자의 내면가족에게서 추방당하였다.

소방관(Firefighter)   추방자의 고통이 표면으로 떠오르기 시작할 때 고통에서 내담자의 주의를 분산시키거나 무감각하게 만들기 위하여 충동적으로 뛰어드는 보호자의 한 유형이다.

관리자(Manager)   추방자의 고통이 느껴지지 않도록 내담자의 삶이나 정신세계를 조정하기 위해 사전에 대책을 강구하려 애쓰는 보호자의 한 유형이다.

부분(Part)   자신만의 감정, 인식, 신념, 동기, 기억을 가지고 있는 소인격체다.

양극화 현상(Polarization)   내담자가 어떻게 행동하거나 느껴야 하는가에 대해 두 부분이 갈등상태에 있는 상황을 말한다.

보호자(Protector)   내담자의 현재 삶에서 생기는 내면의 고통을 차단하거나 그들을 마음 아픈 사건이나 괴로운 인간관계에서 보호하기 위해 애쓰는 부분이다. 관리자 혹은 소방관이 이에 해당한다.

추방 상태의 보호자(Protector-in-Exile)   내담자의 원가족에게 수용되지 못했기 때문에 추방당한 보호자를 말한다.

재양육(Reparenting)*   참자아가 어릴 적의 해로운 상황에 관하여 추방자에게 바로잡는 정서적인 경험을 제공하는 IFS 프로세스의 단계를 말한다. 리처드 슈워츠는 이것을 데리고 나오기 프로세스의 예비적인 측면으로 본다.

데리고 나오기(Retrieval)   참자아가 추방자를 어릴 적의 해로운 상황에서 안전하고 편안한 곳으로 데리고 나오는 IFS 프로세스의 단계를 말한다.

참자아(Self)   참된 속사람(true self) 혹은 영적 중심이 되는 사람의 핵심적인 측면을 뜻한다. 참자아는 긴장을 풀고 마음을 열며 자신과 타인을 수용하는 상태다. 참자아는 호기심과 긍휼한 마음을 가지고 있으며, 침착하고, 다른 사람과 자신의 부분을 관계 맺는 것에 관심을 가지고 있다.

참자아 리더십(Self-Leadership)　　내담자의 삶에서 결정을 내리거나 행동을 취하기 위해 내담자의 부분이 참자아 상태의 내담자를 신뢰하는 상황을 말한다.

부분을 대변하기(Speaking for a Part)　　어떤 사람이 어떤 부분을 행동으로 표출하는 것이 아니라 참자아 상태에서 그 부분의 감정을 묘사하고 있는 것을 말한다.

부분 입장에서 말하기(Speaking from a Part)　　어떤 사람이 부분과 섞인 상태이며, 그 부분의 감정을 행동으로 표출하고 있는 것을 말한다.

자발적인 짐 내려놓기(Spontaneous Unburdening)　　짐 내려놓기는 다른 IFS 프로세스를 통해 자연스럽게 일어나기 때문에 명시적인 짐 내려놓기 의식을 필요로 하지 않는 짐 내려놓기를 말한다.

힘(Strength)*　　건강한 공격성, 개인적인 힘, 원기 왕성함, 한계 설정, 활력, 확장 및 열정을 뜻한다.

분리시키기(Unblending)　　내담자가 참자아 상태가 되기 위하여 자신과 섞여 있는 한 부분에서 떨어지는 것이다.

짐 내려놓기(Unburdening)　　추방자가 내면 의식(internal ritual)을 통

해 자신의 짐을 내려놓는 것을 참자아가 돕는 IFS 프로세스의 단계를 말한다.

목격하기(Witnessing)   참자아가 어떤 부분이 짊어지고 있는 짐의 어린 적 근원을 목격하는 IFS 프로세스의 단계를 말한다.

IFS 참고 자료

IFS 치료사　당신이 함께 작업할 IFS 치료사를 찾고 싶으면 공식 IFS
　　기구인 참자아 리더십 센터(The Center for Self Leadership: CSL)의
　　웹사이트 www.selfleadership.org에 들어가 보라. 여기에 IFS 전문
　　훈련 과정 레벨 1을 수료한 치료사 명단이 있고, 지역별로도 검색할
　　수 있다. 어떤 치료사는 전화로 IFS 회기를 진행하기도 한다.

IFS 전문 훈련과 상담　참자아 리더십 센터에서는 전문직에 종사하
　　는 치료사를 위해 IFS 훈련 프로그램을 운영하고 있다. 이것을 적극
　　추천한다. 총 3단계가 있으며, 한 번에 한 레벨씩 수강할 수 있다.
　　레벨 1은 보통 주말에 3일씩 6회에 걸쳐서 진행되나 종종 1주 동
　　안 2회에 걸쳐 수련회 형식으로 진행되기도 한다. 이 훈련 프로그램
　　은 미국과 유럽의 여러 도시에서 개최되고 있다. 매우 훌륭한 지도
　　자와 잘 짜인 교과 과정으로 구성되어 있다. 이 과정에서는 경험적
　　훈련을 바탕으로 당신 자신의 부분과 작업하고 훈련에 참가한 동료
　　와 회기 훈련을 하면서 IFS를 배우게 된다. 훈련 그룹에서는 공동체

를 구축하는 데 중점을 두고 개인적인 교류 및 전문가들의 교류를 촉진시키고 있다. 훈련 장소와 일정에 대한 자세한 사항은 CSL 웹 사이트를 참조하라.

나는 전화로 IFS 상담 그룹을 인도하고 있고, 다양한 훈련 과정과 워크숍을 개설하고 있다. 많은 프로그램이 전화로 이루어지고 있다. 개설 과목 목록을 보려면 나의 IFS 웹사이트 www.personal-growth-programs.com을 참조하라.

IFS 교육반과 그룹　일반 대중을 위한 교육반도 운영하고 있는데, 여기서는 자기학습과 동료 상담용 IFS 사용법을 배운다. 미국 샌프란시스코 베이 지역에서는 전화나 오프라인 교육을 선택적으로 받을 수 있다. 교육반은 6주간의 과정이나 주말 워크숍으로 구성되어 있다. 어떤 교육반은 나의 아내 보니 와이스(Bonnie Weiss)와 잘 훈련된 IFS 치료사와 교사가 가르치고 있다. 어떤 교육반은 다운로드 받을 수 있는 녹음 파일로 교육하기도 한다. 또한 양극화 현상, 뒤로 미룸, 섭식 문제, 친밀, 의사소통 등을 주제로 한 IFS 교육반과 워크숍도 개설하고 있다.

또한 진행 중인 대면 IFS 치료 그룹과 전화 IFS 교육반도 개설하고 있다. 교육반과 그룹이 일정 혹은 그 밖의 정보를 원하면 나의 IFS 웹사이트를 참조하라.

IFS 도서

Introduction to the Internal Family Systems Model. 리처드 슈워츠
(Richard Schwartz) 지음. 내담자를 위한 부분과 IFS의 기초 개론
이다.

Internal Family Systems Therapy(『내면가족 체계치료』). 리처드 슈
워츠 지음. IFS에 관한 일차적인 전문 서적이며 치료사를 위한 필
독서다.

The Mosaic Mind. 리처드 슈워츠, 레지나 굴딩(Regina Goulding) 공
저. 외상 특히 성학대를 대상으로 한 IFS 사용에 관한 전문서다.

You Are the One You've Been Waiting For. 리처드 슈워츠 지음. 친밀
한 관계에 대한 IFS 관점을 제공하는 대중서다.

*Self-Therapy: A Step-by-Step Guide to Creating Wholeness and
Healing Your Inner Child Using IFS*(『참자아가 이끄는 소인격체 클
리닉』). 제이 얼리(Jay Earley) 지음. 혼자서 혹은 파트너와 함께 IFS
회기를 진행하는 방법이 기술되어 있으며, 치료사가 사용할 수 있
는 IFS 방법의 매뉴얼이다.

Self-Therapy for Your Inner Critic. 제이 얼리, 보니 와이스 공저. IFS
를 사용하여 내면 비판자 부분과 작업하는 방법을 보여 준다.

Resolving Inner Conflict. 제이 얼리 지음. IFS를 사용하여 양극화 현상
을 해소하는 방법을 보여 준다.

Illustrated Workbook for Self-Therapy for Your Inner Critic. 보니 와
이스 지음. *Self-Therapy for Your Inner Critic*에 나오는 예화에 대

한 그림 자료다. 이해를 돕기 위해 그룹으로 묶었다.

Parts Work(『소인격체 클리닉』). 톰 홈즈(Tom Holmes), 로리 홈즈 (Lauri Holmes) 공저. 일반 대중을 위한 IFS 입문서다. 짧지만 풍부한 삽화가 들어 있다.

Bring Yourself to Love. 모나 바버라(Mona Barbera) 지음. IFS를 사용하여 연인 관계에서의 어려움을 해결하는 방법에 관한 대중서다.

IFS 자료 및 녹음 자료

참자아 리더십 센터 웹사이트에는 IFS에 관한 리처드 슈워츠의 전문 자료가 실려 있다. 슈워츠는 자신이 진행한 IFS 회기를 대상으로 여러 개의 비디오를 제작하였으며 이것은 웹사이트에서 구입할 수 있다. 또한 과거에 IFS 콘퍼런스에서 발표되었던 내용도 녹음 자료로 제작하였다.

보니 와이스와 나는 IFS 프로세스 학습에 도움을 주기 위해 IFS 시범 회기를 녹음하였고, 또한 일반 대중을 위한 IFS 교육반도 녹음 자료화하였다. 구입에 관한 자세한 사항은 나의 IFS 웹사이트를 참조하라.

IFS 콘퍼런스와 워크숍

연례 IFS 콘퍼런스는 IFS 모델을 깊이 연구하며 다른 전문가와도 네트워킹할 수 있는 좋은 기회다. 리처드 슈워츠가 미국과 멕시코의 여러 성장 센터에서 일반 대중을 위한 1주일간의 개인 성장 워크숍을 인도한다. 슈워츠 및 탁월한 훈련자가 진행하는 IFS 전문 워크숍과 발표 자료도 제공된다. 자세한 것은 CSL 웹사이트를 참조하라.

나의 웹사이트와 응용 프로그램

나의 IFS 웹사이트에는 IFS에 관한 대중 및 전문 자료, 그리고 다양한 심리 문제로의 응용이 실려 있으며, 자료가 지속적으로 추가되고 있다. e-메일 등록을 하면 향후 게재되는 자료와 다가오는 교육반과 그룹에 대한 공지를 받아 볼 수 있다.

나의 개인 웹사이트 patternsystem.com에는 더 많은 글과 나의 치료 그룹 임상 정보가 실려 있다.

또 다른 웹사이트 http://personal-growth-programs.com/inner-critic-section/에는 내면 비판자 설문지와 프로파일링 프로그램이 실려 있어 당신의 내면 비판자를 이해하고, 그 비판자를 다룰 수 있는 내면 승리자를 계발시키는 데 활용할 수 있다.

나는 온라인으로 IFS 기반의 자기 치유를 혼자서 할 수 있는 웹 애플리케이션을 개발하였다. 웹사이트 http://selftherapyjourney.com을 보라.

저자 소개

Jay Earley, Ph.D.

미국 샌프란시스코 베이 지역에서 40여 년간 심리치료를 해 오고 있는 심리학자이자 심리치료사, 그룹 인도자, 교사, 슈퍼바이저, 훈련자, 이론가다. 또한 일반 대중용 IFS 교육을 하고 있다. 저서로는 『참자아가 이끄는 소인격체 클리닉(*Self-Therapy*)』(이진선 외 공역, 시그마프레스, 2014), *Resolving Inner Conflict*, *Embracing Intimacy* 그리고 *Interactive Group Therapy*가 있고, 공저서로는 『자기비판을 자신감으로 변화시키기(*Activating Your Inner Champion Instead of Your Inner Critic*)』(이진선 외 공역, 학지사, 2014), *Self-Therapy for Your Inner Critic*이 있다.

역자 소개

이진선(Lee Jinseon)

미국 러트거스 대학교와 예일 대학교 의과대학에서 유전학 및 분자의학을 전공한 후 귀국하여 백석대학교 기독신학대학원에서 목회학을 전공하였다. 생업으로는 피부과학을 거쳐 삼성서울병원 암센터에서 암전이 차단을 연구하고 있으며, 심리상담 영역에서는 소인격체와 시스템 치유에 열정을 가지고 번역 및 교육에 힘쓰고 있다. 최종 관심은 영성과 심리를 아우르는 전인 치유다. 현재 한국가정회복연구소 IFS 센터의 공동대표이며, MBTI 강사, STRONG 상담사, 경찰 및 군상담 교육, TA 전문상담사로 일하고 있다. 공역서로는 『TA 상담과 심리치료(*Skills in Transactional Analysis Counselling & Psychotherapy*)』(시그마프레스, 2008), 『소인격체 클리닉(*Parts Work*)』(시그마프레스, 2013), 『참자아가 이끄는 소인격체 클리닉(*Self-Therapy*)』(시그마프레스, 2014), 『자기비판을 자신감으로 변화시키기(*Activating Your Inner Champion Instead of Your Inner Critic*)』(학지사, 2014)가 있다.

이혜옥(Lee Hyeok)

상명대학교 복지상담대학원에서 가족치료를 전공한 후 교육, 상담, 심리치료에 전념하고 있다. 특히 ADHD, 중독, PTSD의 치료 및 미술치료, 가족치료를 주 영역으로 하고 있으며, 무너져 가는 가정의 회복을 위해 가사조정 및 자살방지에도 열정을 가지고 있다. 최종 관심은 시스템 치유를 통해 영성과 심리를 아우르는 전인 치유다. 현재 한국가정회복연구소 IFS 센터의 공동대표이며, TA 상담사, EAP 상담사로 일하고 있다. 공역서로는 『소인격체 클리닉(*Parts Work*)』(시그마프레스, 2013), 『참자아가 이끄는 소인격체 클리닉(*Self-Therapy*)』(시그마프레스, 2014), 『자기비판을 자신감으로 변화시키기(*Activating Your Inner Champion Instead of Your Inner Critic*)』(학지사, 2014)가 있다.

IFS를 통한 분노 치유하기
-분노의 소인격체 클리닉-
Working with Anger in Internal Family Systems Therapy

2014년 10월 20일 1판 1쇄 발행
2022년 8월 10일 1판 2쇄 발행

지은이 • Jay Earley
옮긴이 • 이진선 · 이혜옥
펴낸이 • 김진환
펴낸곳 • (주) **학지사**

     04031 서울특별시 마포구 양화로 15길 20 마인드월드빌딩
대표전화 • 02-330-5114 팩스 • 02-324-2345
등록번호 • 제313-2006-000265호

홈페이지 • http://www.hakjisa.co.kr
페이스북 • https://www.facebook.com/hakjisabook

ISBN 978-89-997-0496-3 93180

Korean Translation Copyright © 2014 by Hakjisa Publisher, Inc.

정가 12,000원

출판미디어기업 학지사
간호보건의학출판 **학지사메디컬** www.hakjisamd.co.kr
심리검사연구소 **인싸이트** www.inpsyt.co.kr
학술논문서비스 **뉴논문** www.newnonmun.com
교육연수원 **카운피아** www.counpia.com